장로회신학대학교 구약성경공부 교재 9·10

사무엘상·사무엘하
(인도자용)

하경택 · 고원석 · 이하준 지음

장로회신학대학교출판부

2011

장로회신학대학교 구약성경공부 교재 9·10 (인도자용)

사무엘상·사무엘하

초판 인쇄 / 2011년 8월 15일
초판 발행 / 2011년 8월 25일

지은이 / 하경택·고원석·이하준
발행인 / 장영일
펴낸곳 / 장로회신학대학교출판부
등록 / 제4-33호
주소 / 143-756 서울시 광진구 샘말길 23(광장동 353)
전화 / (02) 450-0795
팩스 / (02) 450-0797
E-mail / ptpress@pcts.ac.kr

ISBN / 978-89-7369-271-2 94230
ISBN / 978-89-7369-202-6 (세트)
값 13,000원

사무엘상·사무엘하

(인도자용)

PCTS Old Testament Bible Study: Volume 9 · 10

1 Samuel · 2 Samuel

Leader's Edition

Ha, Kyung Taek · Koh, Won Seok · Lee, Ha Joon

Presbyterian College and Theological Seminary Press

발간사

성경의 소중함과 성경공부의 가치는 아무리 강조해도 지나치지 않을 것입니다. 성경에서 우리는 생명보다 소중한 하나님의 말씀을 들을 수 있을 뿐만 아니라 우리의 참 왕이시며 주인이신 예수님을 만나 뵙고(요 5:39) 삶의 갖가지 역경과 시련 가운데서도 이를 극복할 수 있는 위로와 용기와 지혜를 얻을 수 있기 때문입니다.

20세기의 기적으로 알려진 헬렌 켈러 여사는 독서의 양이나 사상에 있어서도 뛰어난 인물로, 그녀가 삼중고를 극복하고 어둠 속에서 빛을 발하는 승리의 인생을 마감하면서 우리에게 남겨 준 의미 있는 말에 귀를 기울일 필요가 있습니다. "나에게 잃어버린 세계를 되찾게 한 것은 책의 힘입니다. 그 중에서도 내가 가장 애독하는 것은 성경이지요. 나는 어린 소녀 시절부터 언제나 용기와 기쁨을 얻기 위해 성경을 읽었습니다. 나는 하도 많이 읽어서 어떤 곳은 글자(점자)가 문드러져 나갈 정도였습니다. 그것은 내 손가락 끝에서 점자가 닳고 닳았기 때문입니다. 성경은 나의 전 생애의 지침이 되고 위안이 되었습니다. 삼중고를 짊어진 나에게 불굴의 정신을 갖게 한 것은 성경이었습니다. 나는 날마다 성경을 읽을 적마다 기력을 새로 회복하고 포부를 확대해 나갈 수 있었습니다. 그러므로 시간을 내어 성경을 읽고 영을 새롭게 하여야 합니다."

이와 같이 우리에게 삶의 지혜와 명철을 제공해 주는 성경을 그 어느 과목보다도 열심히 공부해야 하는 것은 평생 동안 하나님의 말씀을 선포하고 성경을 가르쳐야 하는 신학도에게 마치 전쟁을 앞두고 군인이 탄환을 충분히 확보해 두는 것과 같고 가뭄에 대비하여 저수지에 수자원을 넉넉히 비축해 두는 것과 비교할 수 있을 것입니다.

우리 장로회신학대학교에서는 이처럼 성경공부의 중요성을 새롭게 인식하여 지난 2007년부터 신학대학원생들이 졸업하기에 앞서 적어도 두 학기 이상 매 학기마다 개설되는 성경공부 과목을 수강할 수 있게 배려하고 있습니다.

이번에 선보이는 **『사무엘상·사무엘하』** 교재는 우리 장로회신학대학교와 대한예수교장로회에 속한 성경공부 전문가들의 노고를 통하여 출간되는데, 아무쪼록 이 교재를 손에 들고 진행하는 성경공부를 통하여 우리 신학도들이 언제 어디서나 성경공부를 자신 있게 이끌 수 있는 노하우를 터득할 수 있게 되기를 기대하며, 그동안 이 교재를 만들기 위해 애써 주신 여러분들께 진심으로 감사를 드립니다.

2011년 8월 15일

장로회신학대학교 총장 장 영 일

머리말

장로회신학대학교의 교수님들과 본 교단 현장 목회자들이 합력하여 여덟 번째의 성경공부 시리즈를 발간하게 된 것을 기쁘게 생각한다. 본 성경공부 교재는 교역 현장에 보다 직접적인 목회실천적 효용가치가 있는 교육을 실현하기 위해 본 대학교 안에 구성된 교육과정개발위원회의 성경교육개발단에서 개발하는 성경공부 교재 시리즈 가운데 하나이다. 본교는 이미 구약성경공부 교재로서 『창세기』(2008.2), 『여호수아·사사기』(2008.9), 『이사야』(2009.2), 『시편』(2009.8), 『호세아·요엘·아모스』(2010.2), 『역대상』(2010.8), 『출애굽기』(2011.2)를, 신약성경공부 교재로서 『마가복음』(2008.2), 『사도행전』(2008.9), 『로마서』(2009.2), 『히브리서』(2009.8), 『갈라디아서』(2010.2), 『고린도전서』(2010.8), 『데살로니가전서·데살로니가후서』(2011.2)를 발간한 바 있다. 이번에는 여덟 번째 시리즈로서 구약성경공부 교재 9·10 『사무엘상·사무엘하』와 신약성경공부 교재 1 『마태복음』을 발간하게 되었다.

이 교재는 신·구약 각기 세 분의 저자들에 의해 집필되었다. 『사무엘상·사무엘하』의 공동저자는 본교 구약학 교수인 하경택 교수님, 본교 기독교교육과 교수인 고원석 교수님, 효자교회 담임목사인 이하준 목사님이고, 『마태복음』의 공동저자는 본교 신약학 교수인 소기천 교수님, 본교 기독교교육과 교수인 양금희 교수님, 거룩한빛광성교회 담임목사인 정성진 목사님이다. 이 여섯 분의 노고에 깊은 감사의 마음을 전한다.

본 구약성경공부 교재는 본교의 성경공부 교재 시리즈의 다른 교재들과 마찬가지로 인도자용과 학습자용 두 권으로 이루어져 있으며, 12번에 걸쳐서 공부가 진행되는 12개의 과로 구성되어 있다. 본 교재의 중심은 수업안에 있다. 그러나 수업안과 더불어 악보, 본문, 참고자료, 서식, 풀이(인도자용에만 있음), 수업일지(인도자용에만 있음)라는 6개의 요소들이 학습자를 매우 알찬 성경공부의 길로 안내한다. 본 교재의 성격은 성서주석학적인 이론적 학문성에 있다기보다는 교회 현장에서의 실천적 적용성에 있다.

이번에 발간되는 구약성경공부 교재 9·10 『사무엘상·사무엘하』와 신약성경공부 교재 1 『마태복음』이 신학교에서 공부하는 신학도들로 하여금 교회의 목회실천 현장에서 보다 효율적으로 사역을 수행할 수 있도록 준비하는 데 도움을 주는 성경공부 수업의 교재로 유용하게 사용될 뿐만 아니라, 나아가서 한국 교회의 평신도들을 위한 교회 안에서의 성경공부 교재로 널리 사용됨으로써 한국 교회의 평신도 교육을 위해서 크게 기여할 수 있게 되기를 기대한다.

2011년 8월 15일

교육과정개발위원회 위원장 노 영 상

일러두기

1. 인도자용 교재의 짜임새

이 교재는 아래 도표에서 볼 수 있듯이, 12과 104쪽 분량의 **'수업안'**, 7곡 6쪽 분량의 **'악보'**, 10군데 24쪽 분량의 **'나누어 읽을 본문'**, 6쪽 분량의 **'참고자료'**, 38쪽 분량의 **'서식'**, 48쪽 분량의 **'풀이'**, 12쪽 분량의 **'수업일지'** 의 일곱 부분으로 이루어져 있습니다.

	수업안	악보	본문	참고자료	서식	풀이	수업일지	합계
첫 날(1과)	6쪽	3쪽[4찬송]	0	6쪽	3쪽	2쪽	1쪽	21쪽
둘째 날(2과)	9쪽	0	2쪽	0	3쪽	4쪽	1쪽	19쪽
셋째 날(3과)	9쪽	0	2쪽	0	4쪽	5쪽	1쪽	21쪽
넷째 날(4과)	10쪽	1쪽[1찬송]	3쪽	0	4쪽	5쪽	1쪽	24쪽
다섯째 날(5과)	9쪽	0	2쪽	0	3쪽	5쪽	1쪽	20쪽
여섯째 날(6과)	10쪽	0	3쪽	0	3쪽	4쪽	1쪽	21쪽
일곱째 날(7과)	9쪽	1쪽[1찬송]	3쪽	0	3쪽	4쪽	1쪽	21쪽
여덟째 날(8과)	9쪽	0	2쪽	0	3쪽	4쪽	1쪽	19쪽

아홉째 날(9과)	10쪽	0	2쪽	0	3쪽	4쪽	1쪽	20쪽
열째 날(10과)	10쪽	1쪽[1찬송]	2쪽	0	3쪽	4쪽	1쪽	21쪽
열한째 날(11과)	10쪽	0	3쪽	0	3쪽	5쪽	1쪽	22쪽
열두째 날(12과)	3쪽	0	0	0	3쪽	2쪽	1쪽	9쪽
합계	104쪽	6쪽[7찬송]	24쪽	6쪽	38쪽	48쪽	12쪽	238쪽

수업은 '수업안' 을 중심으로 진행합니다. 각 과 수업에서 쓸 '악보' 와 '나누어 읽을 본문' 과 '참고자료' 와 '풀이' 와 '수업일지' 는 각각 따로 한데 묶어서 '수업안' 다음 차례대로 두었습니다. 특히 '서식' 은 필요한 경우에 잘라 내어 쓸 수도 있습니다. '서식' 에는 조모임 보고서와 각 과 공부 마무리 기도문과 몇 군데 특별한 작업의 결과를 적어 넣을 수 있습니다. 이런 점에서 이 교재는 부분적이나마 교과서이자 공책의 성격을 띱니다.

2. 교재에 사용된 기호

'수업안' 에서 쓰는 여러 기호의 뜻은 다음과 같습니다.

☸ 는 전체 모임을,

⇔는 전체 모임에서 바로 옆 사람과 이야기 나누는 경우를,

✍는 각자 할 일을,

❖ 은 조별 모임을,

🔔는 조별 모임의 결과 보고를,

📖는 본문 읽기를,

✐는 과제를,

→는 어디를 보라는 표시입니다.

3. 교재의 성격

이 성경공부는 → '1.1.4.참고자료: 과목 소개' 에서 밝혀 놓은 바와 같이 한글 성경을 중심으로 함께 찾은 본문의 중심 가르침을 우리 각자와 모두의 삶에서 실천하여 나와 우리의 삶이 달라짐을 겨냥합니다. 그런 만큼 이 성경공부에서는 본문을 자세히 깊이 주석하거나 설명하지 않습니다. 또한 함께 본문을 읽고 이야기 나누는 과정에서 생기는 여러 가지 궁금한 것들을 낱낱이 알아볼 수도 없습니다. 이런 점들을 널리 양해해 주시기 바랍니다. 본문을 더 깊이 이해하려는 분들은 그에 관한 전문 참고서나 강의를 참고하시기 바랍니다.

감사 말씀

악보를 사용하게 허락해 주신 한국찬송가공회와 채일손 목사님과 류형선 선생님께 깊이 감사드립니다.

2011년 8월

하경택 · 고원석 · 이하준

목 차

:: **수업안**

:: 악보

:: 나누어 읽을 본문

:: **참고자료**

:: **서식**

1. 과목 소개, 사무엘상·사무엘하 통틀어 보기

1.1. 인사 나누기와 과목 소개

☸ 1.1.1. 찬송가, "주님의 귀한 말씀은"(2006년 판 새찬송가 206장, → '1.1.1. 악보')을 함께 부릅니다.

⇔ 1.1.2. 각자 옆에 앉은 사람에게 이름, 학년, 이 과목 수업에서 기대하는 바, 이 수업에 임하는 마음가짐 등을 물어봅니다.

☸ 1.1.3. 그렇게 알아본 것을 밑바탕으로 하여 전체가 다 듣도록 돌아가면서 옆 사람을 소개합니다.

☸ 1.1.4. 과목 소개(→ 1.1.4. 참고자료)

(1) 구약성경공부 과목 개설 과정과 목적

(2) 구약성경공부 교재개발단의 구성과 운영

(3) 성경공부 원칙

① 본문 우선
② 학습자 중심
③ 전인성
④ 공동체성
⑤ 다양성
⑥ 공부방법 습득
⑦ 대중성

(4) 성경공부 지침

① 최종본문 중심
② 개역개정판
③ 30명 한정
④ 12주 과정
⑤ 본문의 특성에 따른 교재의 틀
⑥ 창의성 활용
⑦ 다양한 자료 활용

(5) 매주 공부와 교재의 틀

① 말씀을 향하여
② 말씀 속으로
③ 말씀과 함께

① 말씀을 향하여	② 말씀 속으로	③ 말씀과 함께
마음 열기	말씀 읽기	말씀 전하기
돌아보기	말씀 듣기	말씀대로 살기
생각하기	말씀 깨닫기	다짐하기

⇔1.1.5. 일정한 주제를 두고 서로 함께 이야기 나눌 때 조심할 점은 무엇일까요? 또 조모임에서 나눈 이야기를 홀로 전체 앞에서 보고할 때 조심할 점은 무엇일까요?(→ 1.1.5. 풀이)

☸ 1.1.6. 나눈 이야기를 조모임 기록자가 → '1.1.6. 서식' 에 적어 두었다가 전체 앞에서 짧게 보고하고 함께 정리합니다.

1.2. 사무엘상·사무엘하 통틀어 보기

1.2.1. 마음 열기

☸ 1.2.1.1. 기도찬송, "주님 우리의 마음을 여시어"(2006년 판 새찬송가 637장, → '1.2.1.1. 악보')를 다함께 배워 익힙니다.

ꝏ 1.2.1.2. 묵상 기도
하나님이 이번 학기 이 과목을 통해 우리 각자와 전체에게 무엇을 가르치려 하시는지 각자 묵상하며 1분 정도 조용히 기도합니다.

1.2.2. 돌아보기

⇔사무엘상·사무엘하를 홀로서나 다른 사람들과 함께 공부하는 가운데 겪었던 좋은 경험이나 어려운 점을 두고 옆에 앉은 사람과 이야기 나누어 봅시다.

1.2.3. 생각하기

❖ 1.2.3.1. 여섯 사람씩 조를 이루어 다시 한 번 서로 인사 나눈 뒤에 조 이름, 오늘 조모임을 이끌 사람, 오늘 조모임 내용을 기록할 사람을 정하고, 아래 물음을 중심으로 이야기를 나눕니다(→ 1.2.3.1. 풀이).

(1) '사무엘상·사무엘하' 라는 책을 생각하면 무엇이 맨 먼저 떠오릅니까?

(2) 우리말 성경에서 사무엘상·사무엘하라는 이름이 붙은 까닭은 무엇일까요? 또 이 제목이 이 책의 내용에 잘 어울립니까? 잘 어울리지 않는다고 생각되면 나름대로 어울리는 제목을 붙여 봅시다.

(3) 사무엘상·사무엘하에서 중요한 주제는 무엇일까요? 생각나는 대로 한 가지씩만 이야기해 봅시다.

1.2.3.2. 조별로 이야기한 것을 조모임 기록자가 → '1.2.3.2. 서식' 에 적어 두었다가 전체 앞에 보고하고 함께 정리합니다.

1.3. 마무리

❁ 1.3.1. 찬송가, "이 말씀 따라 사는 동안"(류형선 글 · 가락, → '1.3.1. 악보')을 다 함께 배워 익힙니다.

❁ 1.3.2. 기도

이번 한 학기 함께 사무엘상·사무엘하를 잘 공부하려면 우리 각자와 전체에게 무엇이 있어야 하는지 돌아가면서 한 가지씩 말하면서 조별로 공동 기도문을 이 책 뒤에 실린 → '1.3.2. 서식' 에 오늘의 조모임 기록자가 적습니다.

그런 다음에 오늘 조모임을 이끈 사람이 그 공동 기도문을 하나로 묶어 다 읽고 "예수님 이름으로 기도합니다. 아멘."이라고 하면, 다른 조의 사람들은 함께 기도찬송, "우리들의 소원을 들어주옵소서."(채일손 글 · 가락, → '1.3.2. 악보')를 부름으로써 응답합니다.

1.4.1. 개인별 과제

아래 과제에 대한 답을 A4 한 쪽 분량으로 인터넷 클럽 ……자료실의 '개인별 과제' 게시판에 ……까지 올립니다.

⑴ 사무엘상 1장 1-8절을 소리 내어 천천히 읽고 줄거리를 간추려 적어 봅시다.

(2) 사무엘상 1장 9-20절을 여러 번 읽고 거기서 새롭게 느낀 점이나 발견한 점을 짧게 적어 봅시다.

(3) 아래 도표의 빈칸에 해당되는 내용을 간추려 적어 넣으면서 사무엘상 1장 9-20절의 흐름과 짜임새를 알아봅시다.

구절	제 목	간추린 내용
9-11절	한나의 기도	
12-14절	엘리의 반응	
15-16절	한나의 반응	
17-20절	결과	

(4) 사무엘상 1장 9-20절에 자주 나오거나 중요하게 쓰인 낱말이나 표현을 찾아봅시다.

2. 사무엘상 1장 9-20절 공부

2.1. 말씀을 향하여

2.1.1. 마음 열기

☸ 2.1.1.1. 찬송가, "주님의 귀한 말씀은"(2006년 판 새찬송가 206장, → '1.1.1. 악보')을 함께 부릅니다.

☊ 2.1.1.2. 묵상기도
원통함과 비통함으로 하나님께 기도하여 응답 받은 경험이 있는지 생각하며 1분 정도 기도합니다.

2.1.2. 돌아보기

⇔ 지금까지 사무엘상·사무엘하를 읽으면서 어떤 느낌을 받았는지 옆 사람과 잠시 이야기를 나누어 봅시다.

2.1.3. 생각하기

⇔지난주 '1.4.1. 개인별 과제' 를 하다가 가장 새롭게 깨달은 점을 두고 옆 사람과 잠시 이야기를 나누어 봅시다.

2.2. 말씀 속으로

2.2.1. 말씀 읽기

📖 한 조에서 세 사람이 앞에 나와 → '2.2.1. 나누어 읽을 본문' 을 보고 해설자, 한나, 엘리의 역할을 맡아 큰 소리로 천천히 읽습니다. 다른 사람들은 성경을 보지 말고 잘 들어 봅시다.

2.2.2. 말씀 듣기

❖ 지난주 '1.4.1. 개인별 과제' 에서 (3)(4)를 함께 풀어 봅니다.

2.2.2.1. 아래 도표의 빈칸에 해당되는 내용을 간추려 적어 넣으면서 사무엘상 1장 9-20절의 흐름과 짜임새를 알아봅시다(→ 2.2.2.1. 풀이).

구절	제목	간추린 내용
9-11절	한나의 기도	
12-14절	엘리의 반응	
15-16절	한나의 반응	
17-20절	결과	

2.2.2.2. 사무엘상 1장 9-20절에 자주 나오거나 중요하게 쓰인 낱말이나 표현을 찾아봅시다(→ 2.2.2.2. 풀이).

2.2.3. 말씀 깨닫기

❖ 다음의 물음에 대답하면서 사무엘상 1장 9-20절 전체의 교훈을 함께 찾아봅시다. 모든 문제를 다루기에 시간이 부족하다면 조별로 한 문제씩 나누어 맡아도 좋습니다.

2.2.3.1. 한나가 기도하는 모습과 그 특징을 묘사하는 표현들을 찾아봅시다(10, 12절)(→ 2.2.3.1. 풀이).

2.2.3.2. 한나는 자신을 어떻게 소개하고 있습니까?(15-16절) 그가 괴로움을 당한 이유와 그가 겪고 있던 상황은 무엇입니까?(참조. 4-8절)(→ 2.2.3.2. 풀이)

2.2.3.3. 엘리 제사장의 답변에 대응하는 한나의 모습을 통해 알 수 있는 사실은 무엇입니까?(18절)(→ 2.2.3.3. 풀이)

2.2.3.4. 사무엘의 이름의 의미는 무엇입니까?(20절)(→ 2.2.3.4. 풀이)

2.2.3.5. 사무엘의 출생사건에 나타난 한나와 하나님의 모습을 통해 얻을 수 있는 교훈은 무엇일까요?(→ 2.2.3.5. 풀이)

🔔 2.2.3.6. 조모임에서 이야기 나눈 것을 조모임 기록자가 → '2.2.3.6. 서식' 에 적어 두었다가 전체 앞에서 짧게 보고하고 함께 정리합니다.

2.3. 말씀과 함께

❁ 찬송가, "내 기도하는 그 시간"(2006년 판 새찬송가 364장, 가사는 아래에 있음)을 다함께 부릅니다.

1. 내 기도하는 그 시간 그 때가 가장 즐겁다
   이 세상 근심 걱정에 얽매인 나를 부르사
   내 진정 소원 주 앞에 낱낱이 바로 아뢰어
   큰 불행 당해 슬플 때 나 위로 받게 하시네
2. 내 기도하는 그 시간 그 때가 가장 귀하다
   저 광야 같은 세상을 끝없이 방황하면서

위태한 길로 나갈 때 주께서 나를 이끌어
그 보좌 앞에 나아가 큰 위로 받게 하시네

3. 내 기도하는 그 시간 그 때가 가장 즐겁다
이때껏 지은 큰 죄로 내 마음 심히 아파도
참 마음으로 뉘우쳐 다 숨김없이 아뢰면
주 나를 위해 복 주사 새 은혜 부어 주시네

4. 내 기도하는 그 시간 그 때가 가장 즐겁다
주 세상에서 일찍이 저 요란한 곳 피하여
빈 들에서나 산에서 온 밤을 새워 지내사
주 예수 친히 기도로 큰 본을 보여 주셨네. 아멘.

2.3.1. 말씀 전하기

❖ 2.3.1.1. 오늘 사무엘상 1장 9-20절의 교훈을 한나와 비슷한 상황에 처한 다른 사람에게 말하는 식으로 바꾸어 이야기해 봅시다.

🔔 2.3.1.2. 각 조에서 한 사람씩만 전체 앞에서 발표합니다.

2.3.2. 말씀대로 살기

❖ 각 조에서 조원들을 둘로 나누어 한쪽은 아래 2.3.2.1.을, 나머지 한쪽은 2.3.2.2.를 맡아 해 봅시다. 시간이 있으면 두 문제 다를 두고 이야기 나누어 봅시다.

2.3.2.1. 한나는 불임과 그 사실을 빌미로 자신을 공격하는 라이벌 때문에 이중의 고통을 받았습니다. 게다가 기도하는 자신의 모습을 오해한 엘리도 한나에게는 적지 않은 상처가 되었을 것입니다. 이처럼 어려운 상황과 주변 사람들의 반응 때문에 이중, 삼중의 고통을 겪어 본 경험이 있다면 함께 이야기 나누어 봅시다.

2.3.2.2. 이러한 고통을 하나님의 자비와 신실하심에 의지해 해결했습니까? 아니면 결국 해결하지 못했습니까? 그 원인이 무엇이었는지, 거기서 얻은 교훈은 무엇이었는지 함께 이야기 나누어 봅시다.

2.3.2.3. 조모임에서 이야기 나눈 것을 조모임 기록자가 → '2.3.2.3. 서식' 에 적어 두었다가 전체 앞에서 짧게 보고하고 함께 정리합니다.

◆ 읽어 볼 만한 글

영국의 마가렛 대처 수상은 로널드 레이건 대통령과의 만남 이후 그에 대해 이렇게 말했다. "로널드 레이건과 만나 이야기를 나눠 보니 그는 그렇게 많은 것을 알고 있지는 않은 것 같았다. 각 분야에 대해 좀 더 구체적인 대화를 나누다 보면 오히려 내가 더 돋보이고, 레이건 말고도 탁월한 사람은 얼마든지 많다는 생각이 들었다. 그런데 로널드 레이건에겐 분명 탁월한 점이 있었다. 그는 어떤 문제에 직면했을 때, 그 문제를 누구와 상의해야 할지, 누구에게 물어봐야 할지 명확히 알고 있었다."

- 김병삼, 『하나님을 눈물 나게 하는 이야기』 중에서

2.3.3. 다짐하기

☸ 2.3.3.1. 다함께 찬송 "이 말씀 따라 사는 동안"(류형선 글 · 가락, → '1.3.1. 악보')을 부릅니다.

☸ 2.3.3.2. 오늘 공부한 내용을 생각하면서 각자의 다짐을 한 문장의 짧은 기도문으로 → '2.3.3.2. 서식' 에 적어 넣습니다. 그런 다음에 오늘 조모임을 이끈 사람이 그 공동 기도문을 하나로 묶어 다 읽고 "예수님 이름으로 기도합니다. 아멘."이라고 하면, 다른 조의 사람들은 함께 기도찬송, "우리들의 소원을 들어주옵소서."(채일손 글 · 가락, → '1.3.2. 악보')를 부름으로써 응답합니다.

✎2.4.1. 개인별 과제

아래 과제에 대한 답을 A4 한 쪽 분량으로 인터넷 클럽 ……자료실의 '개인별 과제' 게시판에 ……까지 올립니다.

(1) 사무엘상 1장 9-20절을 공부하면서 깨달은 가르침을 한 주간 동안 묵상하고 실천하는 과정에서 느끼게 된 문제점이나 경험을 짤막하게 적어 봅시다.

(2) 사무엘상 1장 21절-8장 3절을 여러 번 읽고 거기서 새롭게 느낀 점이나 발견한 점을 짧게 적어 봅시다.

(3) 아래 도표의 빈칸에 해당되는 내용을 간추려 적어 넣으면서 사무엘상 8장 4-22절의 흐름과 짜임새를 알아봅시다.

구절	제 목	간추린 내용
4-5절	장로들의 요구	
6-9절	하나님의 반응	
10-18절	사무엘의 경고	
19-22절	하나님의 허락	

(4) 사무엘상 8장 4-22절에 자주 나오거나 중요하게 쓰인 낱말이나 표현을 찾아봅시다.

(5) 이러한 흐름과 짜임새, 또 중요하게 쓰인 낱말이나 표현을 중심으로 사무엘상 8장 4-22절이 무엇을 말하려는지 생각해 봅시다.

2.4.2. 공동작업 과제

다섯 조 가운데 한 조가 아래 과제의 결과물을 인터넷 클럽 ……자료실의 '공동작업 과제' 게시판에 ……까지 올리고, 다음 시간에 조마다 전체 앞에서 발표해 봅시다.

탄원문

우리 주변에서 아픔과 상처를 가지고 지내는 사람들의 기도문을 만들어 봅시다.

(1) 아픔과 상처를 가진 주변 이웃과 상황을 선택하기

(2) 그 상황에 처한 사람들의 문제와 아픔에 대해 이야기 나누기

(3) 그들의 입장이 되어 하나님께 탄원하는 1인칭 기도문 작성하기

3. 사무엘상 8장 4-22절 공부

3.1. 말씀을 향하여

3.1.1. 마음 열기

☸ 3.1.1.1. 찬송가, "주님의 귀한 말씀은"(2006년 판 새찬송가 206장, → '1.1.1. 악보')을 함께 부릅니다.

ॐ 3.1.1.2. 묵상기도
하나님의 뜻이 아닌데도 끝까지 내 필요나 주장 때문에 고집을 부리거나 하나님께 내 요구를 관철시키려 한 일이 있는지 생각하며 1분 정도 기도합니다.

3.1.2. 돌아보기

☸ 3.1.2.1. 지난주 '2.4.2. 공동작업 과제'를 맡은 조가 전체 앞에서 발표합니다. 그런 다음에 발표를 준비한 조에서 한두 사람이 준비과정에서 느낀 점을 간단히 말하고, 다른 조에 속한 사람들 가운데 한두 사람이 발표를 본 느낌을 말합니다.

⇔3.1.2.2. 지난주 공부에서 깨달은 바를 통해 나와 우리의 삶이 어떻게 얼마나 달라졌는지 잠시 옆 사람과 이야기 나누어 봅시다.

3.1.3. 생각하기

⇔3.1.3.1. 지난주 '2.4.1. 개인별 과제'를 하다가 가장 새롭게 깨달은 점을 두고 옆 사람과 잠시 이야기를 나누어 봅시다.

☸ 3.1.3.2. 앞 3.1.2.2.와 3.1.3.1.에서 나눈 이야기를 한두 사람이 전체 앞에서 짤막하게 보고합니다.

3.2. 말씀 속으로

3.2.1. 말씀 읽기

📖 한 조에서 다섯 사람이 앞에 나와 → '3.2.1. 나누어 읽을 본문'을 보고 해설자, 장로들, 하나님, 사무엘, 백성들의 역할을 맡아 큰 소리로 천천히 읽습니다. 다른 사람들은 성경을 보지 말고 잘 들어 봅시다.

3.2.2. 말씀 듣기

❖ 지난주 '2.4.1. 개인별 과제'에서 (3)(4)(5)를 함께 풀어 봅니다.

3.2.2.1. 아래 도표의 빈칸에 해당되는 내용을 간추려 적어 넣으면서 사무엘상 8장 4-22절의 흐름과 짜임새를 알아봅시다(→ 3.2.2.1. 풀이).

구 절	제 목	간추린 내용
4-5절	장로들의 요구	
6-9절	하나님의 반응	
10-18절	사무엘의 경고	
19-22절	하나님의 허락	

3.2.2.2. 사무엘상 8장 4-22절에 자주 나오거나 중요하게 쓰인 낱말이나 표현을 찾아봅시다(→ 3.2.2.2. 풀이).

3.2.2.3. 이러한 흐름과 짜임새, 또 중요하게 쓰인 낱말이나 표현을 중심으로 사무엘상 8장 4-22절이 무엇을 말하려는지 생각해 봅시다(→ 3.2.2.3. 풀이).

3.2.3. 말씀 깨닫기

❖ 다음의 물음에 대답하면서 사무엘상 8장 4-22절 전체의 교훈을 함께 찾아봅시다. 모든 문제를 다루기에 시간이 부족하다면 조별로 한 문제씩 나누어 맡아도 좋습니다.

3.2.3.1. 이스라엘 장로들이 왕을 요구하게 된 이유는 무엇입니까?(5절)(→ 3.2.3.1. 풀이)

3.2.3.2. 여호와께서는 왕을 세워 주기 원하는 이스라엘 백성들의 요구를 들으시고 그 요구가 어떤 의미가 있다고 말씀하셨습니까?(7절)(→ 3.2.3.2. 풀이).

3.2.3.3. 사무엘이 전한 왕의 제도의 위험성은 무엇입니까?(11-18절)(→ 3.2.3.3. 풀이).

3.2.3.4. 이러한 위험성에도 불구하고 백성들이 끝내 왕을 요구한 이유는 무엇인가요?(20절)(→ 3.2.3.4. 풀이).

3.2.3.5. 왕정의 장단점과 왕정이 성공적으로 실행되기 위한 조건들을 말해 봅시다(참조. 삼상 12:13-15, 신 17:14-20)(→ 3.2.3.5. 풀이).

🔔 3.2.3.6. 조모임에서 이야기 나눈 것을 조모임 기록자가 → '3.2.3.6. 서식' 에 적어 두었다가 전체 앞에서 짧게 보고하고 함께 정리합니다.

3.3. 말씀과 함께

☸ 찬송가, "만왕의 왕 앞에 나오라"(2006년 판 새찬송가 72장, 가사는 아래에 있음)를 다함께 부릅니다.

1. 만왕의 왕 앞에 나오라 기쁨과 감사의 마음으로
   하나님 행하신 일들을 즐거운 노래로 감사하여라
2. 온 세상 만물을 지으신 위대한 하나님 아버지는
   저 깊은 바다와 높은 산 온 우주 만물을 다스리시네
3. 드넓은 육지와 큰 바다 하나님 손으로 지으셨네
   사랑과 인자가 넘치니 우리는 그 품의 어린양이라
4. 하나님 앞으로 다 나와 무릎을 꿇고서 경배하자
   주 말씀 듣고서 따르면 평안과 즐거움 넘치리로다
5. 성부와 성자와 성령께 찬송과 영광을 돌립니다
   만물을 지으신 창조주 영원히 영광을 받으옵소서
   (후렴) 만왕의 왕 앞에 나오라 기쁨과 감사의 마음으로.

3.3.1. 말씀 전하기

❖ 3.3.1.1. 사무엘상 8장 4-22절의 내용을 한국 교회 전체나, 교회 안에서 하나님의 뜻보다 자기주장을 더 내세우는 사람들에게 경고하는 편지 형식으로 써서(본문 8장 11-18절에 나오는 사무엘의 경고 참조) 각자 → '3.3.1.1. 서식' 에 간단히 적은 다음에 조모임에서 읽어 봅니다.

🔔 3.3.1.2. 조마다 한 편의 글을 골라 전체 앞에서 소개합니다.

3.3.2. 말씀대로 살기

❖ 각 조에서 조원들을 둘로 나누어 한쪽은 아래 3.3.2.1.을, 나머지 한쪽은 3.3.2.2.를 맡아 해 봅시다. 시간이 있으면 두 문제 다를 두고 이야기 나누어 봅시다.

3.3.2.1. 어떤 결정을 내릴 때 그 결정에 가장 큰 영향을 미치는 요소(사람)는 무엇(누구)입니까?

3.3.2.2. 개인적으로 어떤 사람을 또는 교회에서 어떤 프로그램을 벤치마킹한 적이 있습니까? 그렇다면 그 사람 또는 프로그램의 어떤 면 때문에 벤치마킹했습니까?

🔔 3.3.2.3. 조모임에서 이야기 나눈 것을 조모임 기록자가 → '3.3.2.3. 서식' 에 적어 두었다가 전체 앞에서 짧게 보고하고 함께 정리합니다.

◆ 읽어 볼 만한 글

선택

선택이라는 것은 또 하나의 무엇을 포기하는 것이다.
하나를 갖기 위해서는 다른 하나를 포기해야 한다.
때에 따라 배반을 의미하는 것인지도 모른다.

사람들은 하나를 선택할 때
또 다른 그 무엇을 포기해야 한다는 것을 잊고 산다.
또 다른 그 무엇을 포기해야
어느 것 하나를 선택할 수 있는 것이다.

- 김정한, "보시니 참 좋았더라", 「큐티 묵상집」 3월호

3.3.3. 다짐하기

☸ 3.3.3.1. 다함께 찬송 "이 말씀 따라 사는 동안"(류형선 글 · 가락, → '1.3.1. 악보')을 부릅니다.

☸ 3.3.3.2. 오늘 공부한 내용을 생각하면서 각자의 다짐을 한 문장의 짧은 기도문으로 → '3.3.3.2. 서식' 에 적어 넣습니다. 그런 다음에 오늘 조모임을 이끈 사람이 그 공동 기도문을 하나로 묶어 다 읽고 "예수님 이름으로 기도합니다. 아멘."이라고 하면, 다른 조의 사람들은 함께 기도찬송, "우리들의 소원을 들어주옵소서."(채일손 글 · 가락, → '1.3.2. 악보')를 부름으로써 응답합니다.

✐3.4.1. 개인별 과제

아래 과제에 대한 답을 A4 한 쪽 분량으로 인터넷 클럽 ……자료실의 '개인별 과제' 게시판에 ……까지 올립니다.

(1) 사무엘상 8장 4-22절을 공부하면서 깨달은 가르침을 한 주간 동안 묵상하고 실천하는 과정에서 느끼게 된 문제점이나 경험을 짤막하게 적어 봅시다.

(2) 사무엘상 9장 1절-12장 5절을 읽고 그 줄거리를 간추려 적어 봅시다.

(3) 사무엘상 12장 6-25절을 여러 번 읽고 거기서 새롭게 느낀 점이나 발견한 점을 짧게 적어 봅시다.

구절	제 목	간추린 내용
6-11절	하나님의 구원역사 요약	
12-15절	백성들의 요구와 하나님의 응답	
16-18절	하나님의 경고	
19-25절	백성들의 회개와 행동지침	

(4) 아래 도표의 빈칸에 해당되는 내용을 간추려 적어 넣으면서 사무엘상 12장 6-25절의 흐름과 짜임새를 알아봅시다.

(5) 사무엘상 12장 6-25절에 자주 나오거나 중요하게 쓰인 낱말이나 표현을 찾아봅시다.

(6) 이러한 흐름과 짜임새, 또 중요하게 쓰인 낱말이나 표현을 중심으로 사무엘상 12장 6-25절이 무엇을 말하려는지 생각해 봅시다.

4. 사무엘상 12장 6-25절 공부

4.1. 말씀을 향하여

4.1.1. 마음 열기

☸ 4.1.1.1. 찬송가, “하나님 아버지 주신 책은”(2006년 판 새찬송가 202장, → ‘4.1.1.1. 악보’)을 함께 부릅니다.

4.1.1.2. 묵상기도

어느 모임이나 단체에서 고별사를 해 본 적이 있습니까? 어떤 내용으로 했는지, 그 고별사가 그 모임에 어떤 영향력을 끼쳤다고 생각하는지 기억하면서 1분 정도 조용히 기도합니다.

4.1.2. 돌아보기

⇔4.1.2.2. 지난주 공부에서 깨달은 바를 통해 나와 우리의 삶이 어떻게 얼마나 달라졌는지 잠시 옆 사람과 이야기 나누어 봅시다.

4.1.3. 생각하기

⇔4.1.3.1. 지난주 '3.4.1. 개인별 과제' 를 하다가 가장 새롭게 깨달은 점을 두고 옆 사람과 잠시 이야기를 나누어 봅시다.

❁ 4.1.3.2. 앞 4.1.3.1.에서 나눈 이야기를 한두 사람이 전체 앞에서 짤막하게 보고합니다.

4.2. 말씀 속으로

4.2.1. 말씀 읽기

🕮 한 조에서 두 사람이 앞에 나와 → '4.2.1. 나누어 읽을 본문' 을 보고 해설자, 사무엘의 역할을 맡고 그 조의 나머지 사람은 백성의 역할을 맡아 큰 소리로 천천히 나누어 읽습니다. 다른 사람들은 성경을 보지 말고 잘 들어 봅시다.

4.2.2. 말씀 듣기

❖ 지난주의 '3.4.1. 개인별 과제' 에서 (4)(5)(6)을 함께 풀어 봅니다.

4.2.2.1. 아래 도표의 빈칸에 해당되는 내용을 간추려 적어 넣으면서 사무엘상 12장 6-25절의 흐름과 짜임새를 알아봅시다(→ 4.2.2.1. 풀이).

구 절	제 목	간추린 내용
6-11절	하나님의 구원역사 요약	
12-15절	백성들의 요구와 하나님의 응답	
16-18절	하나님의 경고	
19-25절	백성들의 회개와 행동지침	

4.2.2.2. 사무엘상 12장 6-25절에 자주 나오거나 중요하게 쓰인 낱말이나 표현을 찾아봅시다(→ 4.2.2.2. 풀이).

4.2.2.3. 이러한 흐름과 짜임새, 또 중요하게 쓰인 낱말이나 표현을 중심으로 사무엘상 12장 6-25절에서 무엇을 말하려는지 생각해 봅시다(→ 4.2.2.3. 풀이).

4.2.3. 말씀 깨닫기

❖ 다음의 물음에 대답하면서 사무엘상 12장 6-25절 전체의 교훈을 함께 찾아봅시다. 모든 문제를 다루기에 시간이 부족하다면 조별로 한 문제씩 나누어 맡아도 좋습니다.

4.2.3.1. 사무엘상 12장 6-11절에 묘사된 이스라엘 역사에서 하나님과 이스라엘 백성을 묘사하는 동사들이 무엇인지 찾아보고, 어떻게 대조되는지 비교해 봅시다(→ 4.2.3.1. 풀이).

구분	동사	대조되는 내용
하나님의 행동을 묘사하는 동사		하나님은 주로 이스라엘 백성들을 (　　)해 주심
백성들의 행동을 묘사하는 동사		백성들은 주로 (　　)버리고 (　　)함

4.2.3.2. 왕의 제도가 성공하기 위해서 왕과 이스라엘 백성이 해야 할 일은 무엇입니까?(14-15절)(→ 4.2.3.2. 풀이)

4.2.3.3. 밀 베는 때(5-6월)에 우레와 비가 내린 까닭은 무엇입니까?(17절)(→ 4.2.3.3. 풀이)

4.2.3.4. 사무엘이 은퇴한 후에도 계속 하겠다고 다짐한 것들은 무엇입니까?(23절)(→ 4.2.3.4. 풀이)

4.2.3.5. 이스라엘이 멸망당하지 않기 위해서 그들이 해야 할 일은 무엇입니까?(20-21절, 24-25절)(→ 4.2.3.5. 풀이)

🔔 4.2.3.6. 조모임에서 이야기 나눈 것을 조모임 기록자가 → '4.2.3.6. 서식' 에 적어 두었다가 전체 앞에서 짧게 보고하고 함께 정리합니다.

4.3. 말씀과 함께

☸ 찬송가, "아 하나님의 은혜로"(2006년 판 새찬송가 310장, 가사는 아래에 있음)를 다함께 부릅니다.

1. 아 하나님의 은혜로 이 쓸데없는 자
   왜 구속하여 주는지 난 알 수 없도다
2. 왜 내게 굳센 믿음과 또 복음 주셔서
   내 맘이 항상 편한지 난 알 수 없도다
3. 왜 내게 성령 주셔서 내 마음 감동해
   주 예수 믿게 하는지 난 알 수 없도다
4. 주 언제 강림하실지 혹 밤에 혹 낮에
   또 주님 만날 그곳도 난 알 수 없도다

   (후렴) 내가 믿고 또 의지함은 내 모든 형편 아시는 주님
   늘 보호해 주실 것을 나는 확실히 아네.

4.3.1. 말씀 전하기

❖ 4.3.1.1. 평생 하나님의 일을 감당하다가 은퇴하신 분이나 은퇴를 앞둔 분에게 은퇴 후에 성도나 후배들이 올바른 길을 걷도록 돕기 위해 무엇을 해 주십사 부탁드리는 내용으로 짧은 글을 써 봅시다.

🔔 4.3.1.2. 조모임에서 이야기 나눈 것을 조모임 기록자가 → '4.3.1.2. 서식' 에 적어 두었다가 전체 앞에서 짧게 보고하고 함께 정리합니다.

4.3.2. 말씀대로 살기

❖ 각 조에서 조원들을 둘로 나누어 한쪽은 아래 4.3.2.1.을, 나머지 한쪽은 4.3.2.2.를 맡아 해 봅시다. 시간이 있으면 두 문제 다를 두고 이야기 나누어 봅시다.

4.3.2.1. 과거에 베풀어 주신 은혜나 경고를 잊고 계속해서 잘못된 길로 갈 때 우리는 돌이킬 수 없는 심판을 당하게 됩니다. 이런 경험이 있다면 나누어 보고 그리 되지 않는 방법이 무엇일까 생각해 봅시다.

4.3.2.2. 최근 한국 사회나 한국 교회에서 지도자의 자리에서 은퇴하며 덕스러운 퇴진을 한 사례나, 덕스럽지 못한 퇴진을 한 사례를 알고 있다면 나누어 보고 사무엘의 사례(23절)를 통해 배울 점은 무엇일까 생각을 나누어 봅시다.

🔔 4.3.2.3. 각조에서 이야기 나눈 것을 조모임 기록자가 → '4.3.2.3. 서식' 에 적어 두었다가 전체 앞에서 짧게 발표하고 정리합니다.

◆ 읽어 볼 만한 글

참된 리더십을 위한 십계명

1. 자신의 내면생활을 거룩과 순결로 무장하라.
2. 자신의 비전이 하나님께 온 것인가를 질문하라.
3. 일보다 사람을 생각하고 사람보다 하나님을 먼저 생각하라.
4. 위기를 다루는 법을 알고 그 위기를 기회로 만들라.
5. 문제 있는 사람들과도 함께 일하라.
6. 은사를 확인하고 은사에 따라 일하라.
7. 혼자 할 수 있는 일도 함께하라.
8. 손해 보는 쪽을 택하라.
9. 항상 기뻐하라. 쉬지 말고 기도하라. 범사에 감사하라.
10. 겸손으로 허리를 동이고 성령으로 충만하라.

- 하용조 , 『사도행전적 교회를 꿈꾼다』 중에서

4.3.3. 다짐하기

☸ 다함께 찬송 "이 말씀 따라 사는 동안"(류형선 글 · 가락, → '1.3.1. 악보')을 부릅니다.

❁ 4.3.3.2. 오늘 공부한 내용을 생각하면서 각자의 다짐을 한 문장의 짧은 기도문으로 → '4.3.3.2. 서식' 에 적어 넣습니다. 그런 다음에 오늘 조모임을 이끈 사람이 그 공동 기도문을 하나로 묶어 다 읽고 "예수님 이름으로 기도합니다. 아멘."이라고 하면, 다른 조의 사람들은 함께 기도찬송, "우리들의 소원을 들어주옵소서."(채일손 글 · 가락, → '1.3.2. 악보')를 부름으로써 응답합니다.

✐ 4.4.1. 개인별 과제

아래 과제에 대한 답을 A4 한 쪽 분량으로 인터넷 클럽 ……자료실의 '개인별 과제' 게시판에 ……까지 올립니다.

(1) 사무엘상 12장 6-25절 공부에서 깨달은 가르침을 한 주간 동안 묵상하고 실천하는 과정에서 느끼게 된 문제점이나 경험을 짤막하게 적어 봅시다.

(2) 사무엘상 13장 1절-15장 9절을 읽고 그 줄거리를 간추려 적어 봅시다.

(3) 사무엘상 15장 10-23절을 여러 번 읽고 거기서 새롭게 느낀 점이나 발견한 점을 짧게 적어 봅시다.

(4) 아래 도표의 빈칸에 해당되는 내용을 간추려 적어 넣으면서 사무엘상 15장 10-23절의 흐름과 짜임새를 알아봅시다.

구 절	제 목	간추린 내용
10-11절	하나님의 후회와 사무엘의 근심	
12-16절	사울의 불순종과 변명	
17-23절	사무엘의 책망과 심판 메시지	

(5) 사무엘상 15장 10-23절에 자주 나오거나 중요하게 쓰인 낱말이나 표현을 찾아봅시다.

(6) 이러한 흐름과 짜임새, 또 중요하게 쓰인 낱말이나 표현을 중심으로 사무엘상 15장 10-23절이 무엇을 말하려는지 생각해 봅시다.

4.4.2. 공동작업 과제

네 조 가운데 한 조가 아래 과제의 결과물을 인터넷 클럽 ……자료실의 '공동작업 과제' 게시판에 ……까지 올리고, 다음 시간에 조마다 전체 앞에서 발표해 봅시다.

고별사

과거 역사 또는 현실의 지도자가 되어 가상의 고별사를 만들어 봅시다.

1) 역사나 현실 속에 존재했던 또는 존재하는 (공동체 또는 민족) 지도자 선택하기(예: 대통령, 총장, 혹은 종교개혁자 루터, 독립운동가 김구 등)
2) 그 지도자의 사상, 역할, 책임, 고뇌, 아픔 등을 조사하기
3) 그 인물이 되어 후대인들을 향한 고별사(구체적인 소망과 호소가 담긴)를 작성하기

5. 사무엘상 15장 10-23절 공부

5.1. 말씀을 향하여

5.1.1. 마음 열기

☸ 5.1.1.1. 찬송가, "하나님 아버지 주신 책은"(2006년 판 새찬송가 202장, → '4.1.1.1. 악보')을 함께 부릅니다.

✎ 5.1.1.2. 묵상기도
하나님의 뜻을 알고도 받아들이기 어렵거나 내 판단에 따라 순종하지 못한 경우가 있는지 묵상하며 1분 정도 조용히 기도합니다.

5.1.2. 돌아보기

☸ 5.1.2.1. 지난주 '4.4.2. 공동작업 과제' 를 맡은 조가 전체 앞에서 발표합니다. 그런 다음에 발표를 준비한 조에서 한두 사람이 준비과정에서 느낀 점을 간단히 말하고, 다른 조에 속한 사람들 가운데 한두 사람이 발표를 본 느낌을 말합니다.

⇔5.1.2.1. 지난주 공부에서 깨달은 바를 통해 나와 우리의 삶이 어떻게 얼마나 달라졌는지 잠시 옆 사람과 이야기 나누어 봅시다.

5.1.3. 생각하기

⇔5.1.3.1. 지난주 '4.4.1. 개인별 과제' 를 하다가 가장 새롭게 깨달은 점을 두고 옆 사람과 잠시 이야기를 나누어 봅시다.

☸ 5.1.3.2. 앞 5.1.3.1.에서 나눈 이야기를 한두 사람이 전체 앞에서 짧게 말해 보고 합니다.

5.2. 말씀 속으로

5.2.1. 말씀 읽기

📖 한 조에서 다섯 사람이 앞에 나와 → '5.2.1. 나누어 읽을 본문' 을 보고 해설자, 하나님, 사무엘, 사울, 어떤 사람의 역할을 맡아 큰 소리로 천천히 나누어 읽습니다. 다른 사람들은 성경을 보지 말고 잘 들어 봅시다.

5.2.2. 말씀 듣기

❖ 지난주 '4.4.1. 개인별 과제' 에서 (4)(5)(6)을 함께 풀어 봅니다.

5.2.2.1. 아래 도표의 빈칸에 해당되는 내용을 간추려 적어 넣으면서 사무엘상 15장 10-23절의 흐름과 짜임새를 알아봅시다(→ 5.2.2.1. 풀이).

구 절	제 목	간추린 내용
10-11절	하나님의 후회와 사무엘의 근심	
12-16절	사울의 불순종과 변명	
17-23절	사무엘의 책망과 심판 메시지	

5.2.2.2. 본문에 자주 나오거나 중요하게 쓰인 낱말이나 표현을 찾아봅시다(→ 5.2.2.2. 풀이).

5.2.2.3. 이러한 흐름과 짜임새, 또 중요하게 쓰인 낱말이나 표현을 중심으로 사무엘하 15장 10-23절에서 무엇을 말하려는지 생각해 봅시다(→ 5.2.2.3. 풀이).

5.2.3. 말씀 깨닫기

❖ 다음의 물음에 대답하면서 본문 전체의 교훈을 함께 찾아봅시다. 모든 문제를 다루기에 시간이 부족하다면 조별로 한 문제씩 나누어 맡아도 좋습니다.

5.2.3.1. "내가 사울을 왕으로 세운 것을 후회한다"는 말씀의 의미가 무엇인가 말해 봅시다(11절, 참조. 삼상 15:29; 민 23:19; 욘 3:9-10)(→ 5.2.3.1. 풀이).

5.2.3.2 사울은 누가 양과 소들을 남겼다고 하면서 자신의 책임을 회피하는 변명을 합니까?(15절, 20-21절)(→ 5.2.3.2. 풀이)

5.2.3.3. 하나님은 사울이 어떠한 때에 그를 이스라엘 왕으로 삼으셨습니까?(17절)(→ 5.2.3.3. 풀이)

5.2.3.4. 사울은 어떠한 때에 이스라엘 왕에서 버림받아야 했습니까?(23절, 참조. 26절)(→ 5.2.3.4. 풀이)

5.2.3.5. 순종과 듣는 것이 무엇보다 낫다고 말씀하며, 거역하는 것과 완고한 것은 무엇과 같다고 교훈합니까?(22-23절)(→ 5.2.3.5. 풀이)

🔔 5.2.3.6. 조모임에서 이야기 나눈 것을 조모임 기록자가 → '5.2.3.6. 서식' 에 적어 두었다가 전체 앞에서 짧게 보고하고 함께 정리합니다.

5.3. 말씀과 함께

❁ 찬송가, "너 하나님께 이끌리어"(2006년 판 새찬송가 312장, 가사는 아래에 있음)를 다함께 부릅니다.

1. 너 하나님께 이끌리어 일평생 주만 바라면
   너 어려울 때 힘주시고 언제나 지켜 주시리
   주 크신 사랑 믿는 자 그 반석 위에 서리라
2. 너 설레는 맘 가다듬고 희망 중 기다리면서
   그 은혜로신 주의 뜻과 사랑에 만족하여라
   우리를 불러 주신 주 마음의 소원 아신다
3. 주 찬양하고 기도하며 네 본분 힘써 다하라
   주 약속하신 모든 은혜 네게서 이뤄지리라
   참되고 의지하는 자 주께서 기억하시리. 아멘.

5.3.1. 말씀 전하기

❖ 5.3.1.1. 나름대로 능력도 있고, 조건도 좋고, 열심인데 순종의 덕을 갖추지 못해 크게 쓰임 받지 못하는 사람에게 권면하는 말을 메일 형식으로 간단하게 써 봅시다.

❁ 5.3.1.2. 앞 5.3.1.1.에서 나눈 이야기를 한두 사람이 전체 앞에서 짧게 말해 보고 합니다.

5.3.2. 말씀대로 살기

❖ 각 조에서 조원들을 둘로 나누어 한쪽은 아래 5.3.2.1.을, 나머지 한쪽은 5.3.2.2.를 맡아 해 봅시다. 시간이 있으면 두 문제 다를 두고 이야기 나누어 봅시다.

5.3.2.1. 우리가 하나님의 명령에 순종하지 못할 때 가장 많이 대는 핑계는 어떤 것입니까? 또는 어떤 변명을 가장 잘 늘어놓으며, 누구의 탓을 가장 잘합니까? 생각을 나누어 봅시다.

5.3.2.2. 순종이 제사보다 낫다는 사실을 입증할 만한 좋은 예가 있습니까? 자신이 직접 경험한 일도 좋고 남들이 경험한 일을 전해 주어도 좋습니다.

🔔 5.3.2.3. 조모임에서 이야기 나눈 것을 조모임 기록자가 → '5.3.2.3. 서식'에 적어 두었다가 전체 앞에서 짧게 보고하고 함께 정리합니다.

◆ 읽어 볼 만한 글

어느 목사님께서 시내에 나가 주차를 하다가 남의 차를 긁었습니다. 그런데 그 차종이 최고급 외제차였습니다. 가슴이 철렁하면서 그 순간 자신도 모르게 주위를 둘러보았습니다. 아무도 없었습니다. 이분이 잠시 고민에 빠졌습니다. '어떻게 해야 할까? 내가 그래도 하나님을 믿는 사람인데 연락처를 남겨야 하나? 아니지, 아무도 못 봤는데 그럴 필요가 있는가?' 잠시 고민하는 사이 그분은 하나님이 지금 곁에 계시다면 뭐라고 하실까를 생각해 보았습니다. 두 번 생각할 것도 없이 하나님의 말씀에 순종하기로 했습니다. 결국 연락처와 이름을 써서 차 와이퍼에 살짝 끼워 놓고 돌아왔습니다. 오는 길에 이렇게 기도했다고 합니다. "하나님, 써 놓는 건 순종했으니 이제 바람이 불어 날아가게 하는 건 하나님 자유입니다. 날아가게 하셔도 순종하겠습니다."

다음 날, 차 주인에게서 전화가 왔습니다. 목사님이 전화를 받고 자신이 그 차를 긁었다고 하니까 그 차 주인이 엉뚱한 질문을 합니다. "혹시 교회 다니십니까?" 의아한 가운데 그렇다고 했습니다. 그가 또 묻습니다. "혹시 목사님이십니까?" 너무 당황한 목사님이 어떻게 알았냐고 물었습니다. 그러자 그가 하는 얘기가, 그동안 십수 년 간 외제차를 몰면서 숱한 사람들이 주차장에서 긁고 박고 지나쳐 갔는데 자기 차를 긁고 나서 연락처를 남기는 사람은 처음 보았다는 것입니다. 그래서 생각하기를 '아마도 이만한 양심이라면 이분은 교회에 다닐 것이다. 그리고 이 정도면 아마 목사일지 모른다.' 그래서 전화를 했다는 겁니다. 그리고는 계속 이어서 말합니다. "목사님, 저는 이 나라가 살기 싫어서 이제 다음 주면 캐나다로 이민을 갑니다. 그런데, 목사님 같은 분이 우리나라에 계신 것을 보니 마음이 든든합니다. 정말 고맙습니다." 이 목사님은 아무도 없는 곳에서 자기를 보고 계시는 하나님을 의식하고 순종했을 뿐인데, 이분의 그 행위를 통해서 자신의 양심이 순수성을 지켰을 뿐만 아니라 믿지 않는 한 영혼이 하나님께 영광을 돌리게 되었습니다. 아무도 없을 때에라도 우리가 하나님께 순종하며 나아갈 때, 그것은 하나님을 향한 참된 경배요 예배의 행위인 것입니다.

- 어느 목사님의 고백문

5.3.3. 다짐하기

☸ 5.3.3.1. 다함께 찬송 "이 말씀 따라 사는 동안"(류형선 글 · 가락, → '1.3.1. 악보')을 부릅니다.

☸ 5.3.3.2. 오늘 공부한 내용을 생각하면서 각자의 다짐을 한 문장의 짧은 기도문으로 → '5.3.3.2. 서식'에 적어 넣습니다. 그런 다음에 오늘 조모임을 이끈 사람이 그 공동 기도문을 하나로 묶어 다 읽고 "예수님 이름으로 기도합니다. 아멘."이라고 하면, 다른 조의 사람들은 함께 기도찬송, "우리들의 소원을 들어주옵소서."(채일손 글 · 가락, → '1.3.2. 악보')를 부름으로써 응답합니다.

✐ 5.4.1. 개인별 과제

아래 과제에 대한 답을 A4 한 쪽 분량으로 인터넷 클럽 ……자료실의 '개인별 과제' 게시판에 ……까지 올립니다.

⑴ 사무엘상 15장 10-23절 공부에서 깨달은 가르침을 한 주간 동안 묵상하고 실천하는 과정에서 느끼게 된 문제점이나 경험을 짤막하게 적어 봅시다.

⑵ 사무엘상 15장 24-35절을 읽고 그 줄거리를 간추려 적어 봅시다.

(3) 사무엘상 16장 1-13절을 여러 번 읽고 거기서 새롭게 느낀 점이나 발견한 점을 짧게 적어 봅시다.

(4) 아래 도표의 빈칸에 해당되는 내용을 간추려 적어 넣으면서 사무엘상 16장 1-13절의 흐름과 짜임새를 살펴봅시다.

구절	제목	간추린 내용
1-5절	하나님의 명령	
6-9절	하나님의 기준	
10-13절	하나님의 선택	

(5) 사무엘상 16장 1-13절에 자주 나오거나 중요하게 쓰인 낱말이나 표현을 찾아봅시다.

(6) 이러한 흐름과 짜임새, 또 중요하게 쓰인 낱말이나 표현을 중심으로 사무엘상 16장 1-13절이 무엇을 말하려는지 생각해 봅시다.

6. 사무엘상 16장 1-13절 공부

6.1. 말씀을 향하여

6.1.1. 마음 열기

☸ 6.1.1.1. 찬송가, "하나님 아버지 주신 책은"(2006년 판 새찬송가 202장, → '4.1.1.1. 악보')을 함께 부릅니다.

✐ 6.1.1.2. 묵상기도
사람의 외모를 보는 것과 중심을 보는 것의 차이가 무엇인지 묵상하며 1분 정도 조용히 기도합니다.

6.1.2. 돌아보기

⇔ 6.1.2.1. 지난주 공부에서 깨달은 바를 통해 나와 우리의 삶이 어떻게 얼마나 달라졌는지 잠시 옆 사람과 이야기 나누어 봅시다.

6.1.3. 생각하기

⇔6.1.3.1. 지난주 '5.4.1. 개인별 과제' 를 하다가 가장 새롭게 깨달은 점을 두고 옆 사람과 잠시 이야기를 나누어 봅시다.

☸ 6.1.3.2. 앞 6.1.3.1.에서 나눈 이야기를 한두 사람이 전체 앞에서 짤막하게 보고 합니다.

6.2. 말씀 속으로

6.2.1. 말씀 읽기

🕮 한 조에서 다섯 사람이 앞에 나와 → '6.2.1. 나누어 읽을 본문' 을 보고 해설자, 하나님, 사무엘, 장로들, 이새의 역할을 맡아 큰 소리로 천천히 나누어 읽습니다. 다른 사람들은 성경을 보지 말고 잘 들어 봅시다.

6.2.2. 말씀 듣기

❖ 지난주 '5.4.1. 개인별 과제' 에서 (4)(5)(6)을 함께 풀어 봅니다.

6.2.2.1. 아래 도표의 빈칸에 해당되는 내용을 간추려 적어 넣으면서 사무엘상 16장 1-13절의 흐름과 짜임새를 살펴봅시다(→ 6.2.2.1. 풀이).

구절	제 목	간추린 내용
1-5절	하나님의 명령	
6-9절	하나님의 기준	
10-13절	하나님의 선택	

6.2.2.2. 사무엘상 16장 1-13절에 자주 나오거나 중요하게 쓰인 낱말이나 표현을 찾아봅시다(→ 6.2.2.2. 풀이).

6.2.2.3. 이러한 흐름과 짜임새, 또 중요하게 쓰인 낱말이나 표현을 중심으로 사무엘상 16장 1-13절이 무엇을 말하려는지 생각해 봅시다(→ 6.2.2.3. 풀이).

6.2.3. 말씀 깨닫기

❖ 다음의 물음에 대답하면서 사무엘상 16장 1-13절 전체의 교훈을 함께 찾아봅시다. 모든 문제를 다루기에 시간이 부족하다면 조별로 한 문제씩 나누어 맡아도 좋습니다.

6.2.3.1. 하나님은 사울의 일에 대하여 슬퍼하는 사무엘에게 어떤 계획을 말씀하십니까?(1절)(→ 6.2.3.1. 풀이)

6.2.3.2. 사무엘을 맞이하는 베들레헴 장로들이 떨며 물었던 물음에는 어떤 우려가 있었습니까?(4절)(→ 6.2.3.2. 풀이)

6.2.3.3. 엘리압을 보고 여호와의 기름 부으실 자라고 생각했던 사무엘의 판단과 하나님의 선택기준에는 어떠한 차이가 있습니까?(6-7절)(→ 6.2.3.3. 풀이)

6.2.3.4. 사무엘 앞에 선 다윗의 용모는 어떻게 묘사됩니까?(12절)(→ 6.2.3.4. 풀이)

6.2.3.5. 기름부음을 받은 이후 다윗은 어떤 상태가 되었다고 말씀합니까?(13절)(→ 6.2.3.5. 풀이).

🔔 6.2.3.6. 조모임에서 이야기 나눈 것을 조모임 기록자가 → '6.2.3.6. 서식' 에 적어 두었다가 전체 앞에서 짧게 보고하고 함께 정리합니다.

6.3. 말씀과 함께

❁ 복음성가, "나"(가사는 아래에 있음)를 다함께 부릅니다.

나 가진 재물 없으나
나 남이 가진 지식 없으나
나 남에게 있는 건강 있지 않으나
나 남이 없는 것 있으니(2번 반복)

나 남이 못 본 것을 보았고
나 남이 듣지 못한 음성 들었고
나 남이 받지 못한 사랑 받았고
나 남이 모르는 것 깨달았네
공평하신 하나님이 나 남이 가진 것 나 없지만
공평하신 하나님이 나 남이 없는 것 갖게 하셨네.

6.3.1. 말씀 전하기

❖ 6.3.1.1. 언제부터인가 우리 사회에 '스펙'(specification의 줄임말) 쌓기가 열풍을 일으키고 있습니다. 직장을 구하는 사람들 사이에서 학력이나 학점, 토익 점수, 자격증, 해외 연수 등 외적 조건들을 합한 것을 일컫는 말입니다. 이러한 외적 조건을 쌓는 데 열중하고 있는 젊은이나 이 시대의 사람들에게 오늘 본문의 교훈을 어떻게 말해 줄 수 있을지 이야기 나누어 봅시다.

☸ 6.3.1.2. 앞 6.3.1.1.에서 나눈 이야기를 한두 사람이 전체 앞에서 짧게 말해 보고 합니다.

6.3.2. 말씀대로 살기

❖ 각 조에서 조원들을 둘로 나누어 한쪽은 아래 6.3.2.1.을, 나머지 한쪽은 6.3.2.2.를 맡아 해 봅시다. 시간이 있으면 두 문제 다를 두고 이야기 나누어 봅시다.

6.3.2.1. 나의 외적 조건 중에서 남에게 내세울 만한 괜찮은 조건이 있는지 몇 가지 찾아봅니다. 그 다음으로 나의 중심적 조건 중에서 하나님 보시기에 좋아하실 만한 것을 몇 가지 찾아봅시다.

나의 외적 조건:

나의 중심적 조건:

6.3.2.2. 세상은 말할 것도 없고 교회에서조차 여전히 중심이 아닌 외모를 먼저 보는 세태가 있다면 말해 보고 어떻게 극복할 수 있을지 이야기 나누어 봅시다.

🔔 6.3.2.3. 조에서 이야기 나눈 것을 → '6.3.2.3. 서식' 에 간추려 적어 두었다가 전체 앞에 짧게 보고합니다.

◆ 읽어 볼 만한 글

촌스러운 외모의 40대 여성이 TV 공개 방송에서 톱 가수급 가창력을 선보이는 장면이 동영상 사이트 유튜브(YouTube)에 공개돼 폭발적 인기를 얻고 있다. 화제의 주인공은 영국 스코틀랜드 출신 수전 보일(47). 그는 11일 영국의 신인 발굴 프로그램 '브리튼스 갓 탤런트' 에서 뮤지컬 레미제라블의 삽입곡 '나는 꿈을 꿨어요' 를 불러 심사위원과 객석의 갈채를 받았다.

현재 실직 상태인 보일의 외모 · 옷차림 · 표정도 처음에는 관객들의 웃음거리였다. 그가 "런던 웨스트엔드 뮤지컬 스타 일레인 페이지와 노래 실력을 겨뤄 보는 꿈을 꿔 왔다" 고 말할 땐 대놓고 비웃는 객석의 모습까지 화면에 잡혔다. 심사위원들도 시큰둥한 표정이었다.

그러나 보일의 노래가 흐르자 관객과 심사위원의 표정은 경이로운 얼굴로 바뀌었다. 청아한 목소리가 무대를 채우자 관객들은 넋이 빠진 표정이었다. 노래를 마쳤을 때는 기립박수가 터져 나왔다. 유튜브에서 500만 건 이상의 클릭이 몰리자 CNN은 16일 10여 차례 이 장면을 보도했다. 시사주간지 타임은 "그의 목소리는 관객들을 그의 발 아래 무릎 꿇게 했다" 고 전했다.

- 중앙일보(2009.04.17)

청중에게 바쳐진 기도

미국 보스턴에서 전도집회가 열렸는데, 집행부는 그 도시에서 가장 명성이 높은 성경학자를 대표기도자로 선정했습니다. 예상대로 그는 보통 사람들은 사용하지 않는 수식어를 사용하여 기도문을 훌륭히 낭독했습니다. 많은 사람들은 그의 말솜씨에 칭찬을 아끼지 않았지만 믿음의 사람들은 그의 기도 속에는 하나님이 계시지 않았음을 알았습니다. 한 신문기자는 "이 위대한 학자의 기도는 아마도 보스톤 시가 창설된 이래 청중에게 바쳐진 가장 웅변적이고 가장 지성적인 기도였다" 라고 평가하는 글을 썼습니다.

- 장석일 목사(예수마을교회)

6.3.3. 다짐하기

☸ 6.3.3.1. 다함께 찬송 "이 말씀 따라 사는 동안"(류형선 글 · 가락, → '1.3.1. 악보')을 부릅니다.

❁ 6.3.3.2. 오늘 공부한 내용을 생각하면서 각자의 다짐을 한 문장의 짧은 기도문으로 → '6.3.3.2. 서식' 에 적어 넣습니다. 그런 다음에 오늘 조모임을 이끈 사람이 그 공동 기도문을 하나로 묶어 다 읽고 "예수님 이름으로 기도합니다. 아멘."이라고 하면, 다른 조의 사람들은 함께 기도찬송, "우리들의 소원을 들어주옵소서."(채일손 글 · 가락, → '1.3.2. 악보')를 부름으로써 응답합니다.

6.4.1. 개인별 과제

아래 과제에 대한 답을 A4 한 쪽 분량으로 인터넷 클럽 ……자료실의 '개인별 과제' 게시판에 ……까지 올립니다.

(1) 사무엘상 16장 1–13절 공부에서 깨달은 가르침을 한 주간 동안 묵상하고 실천하는 과정에서 느끼게 된 문제점이나 경험을 짤막하게 적어 봅시다.

(2) 사무엘상 16장 14절–23장 29절을 읽고 그 줄거리를 간추려 적어 봅시다.

(3) 사무엘상 24장 1–22절을 여러 번 읽고 거기서 새롭게 느낀 점이나 발견한 점을 짧게 적어 봅시다.

(4) 아래 도표의 빈칸에 해당되는 내용을 간추려 적어 넣으면서 사무엘상 24장 1-22절의 흐름과 짜임새를 알아봅시다.

구절	제목	간추린 내용
1-3절	사울의 추적	
4-7절	다윗의 깨달음	
8-15절	다윗의 호소	
16-22절	사울의 반응	

(5) 사무엘상 24장 1-22절에 자주 나오거나 중요하게 쓰인 낱말이나 표현을 찾아봅시다.

(6) 이러한 흐름과 짜임새, 중요하게 쓰인 낱말이나 표현을 중심으로 사무엘상 24장 1-22절에서 무엇을 말하려는지 생각해 봅시다.

6.4.2. 공동작업 과제

다섯 조 가운데 한 조가 아래 과제의 결과물을 인터넷 클럽 ……자료실의 '공동작업 과제' 게시판에 ……까지 올리고, 다음 시간에 조마다 전체 앞에서 발표해 봅시다.

예언자의 선포문

중심(본질)을 외면하고 있는 한국 교회 현실을 꾸짖는 예언자의 선포문을 작성해 봅시다.

(시작의 예)

"여호와의 말씀이다. 너희 중심을 잃어버린 사람들아, 내 말에 귀 기울여라! …… "

7. 사무엘상 24장 1-22절 공부

7.1. 말씀을 향하여

7.1.1. 마음 열기

☸ 7.1.1.1. 찬송가, “나의 사랑하는 책”(2006년 판 새찬송가 199장, → ‘7.1.1.1. 악보’)을 함께 부릅니다.

ℬ 7.1.1.2. 묵상기도
최근에 나를 힘들게 하거나 공격하는 사람이 있다면 나는 어떻게 대응하고 있는지 묵상하며 1분 정도 조용히 기도합니다.

7.1.2. 돌아보기

☸ 7.1.2.1. 지난주 '6.4.2. 공동작업 과제'를 맡은 조가 준비한 내용을 전체 앞에서 발표합니다. 그런 다음에 다른 조에서 발표한 내용을 들은 느낌을 몇 사람이 말합니다. 공동작업 과제를 준비한 조에서는 한 사람이 준비 과정에서 느끼거나 깨달은 점을 말해 봅니다.

⇔7.1.2.2. 지난주 공부에서 깨달은 바를 통해 나와 우리의 삶이 어떻게 얼마나 달라졌는지 잠시 옆 사람과 이야기 나누어 봅시다.

7.1.3. 생각하기

⇔7.1.3.1. 지난주 '6.4.1. 개인별 과제'를 하다가 가장 새롭게 깨달은 점을 두고 옆 사람과 잠시 이야기를 나누어 봅시다.

☸ 7.1.3.2. 앞 7.1.3.1.에서 나눈 이야기를 한두 사람이 전체 앞에서 짤막하게 보고합니다.

7.2. 말씀 속으로

7.2.1. 말씀 읽기

📖 한 조에서 다섯 사람이 앞에 나와 → '7.2.1. 나누어 읽을 본문' 을 보고 해설자, 어떤 사람, 다윗의 사람들, 다윗, 사울의 역할을 맡아 큰 소리로 천천히 나누어 읽습니다. 다른 사람들은 성경을 보지 말고 잘 들어 봅시다.

7.2.2. 말씀 듣기

❖ 지난주 '6.4.1. 개인별 과제' 에서 (4)(5)(6)을 함께 풀어 봅니다.

7.2.2.1. 아래 도표의 빈칸에 해당되는 내용을 간추려 적어 넣으면서 사무엘상 24장 1-22절의 흐름과 짜임새를 알아봅시다(→ 7.2.2.1. 풀이).

구 절	제 목	간추린 내용
1-3절	사울의 추적	
4-7절	다윗의 깨달음	
8-15절	다윗의 호소	
16-22절	사울의 반응	

7.2.2.2. 사무엘상 24장 1–22절에 자주 나오거나 중요하게 쓰인 낱말이나 표현을 찾아봅시다(→ 7.2.2.2. 풀이).

7.2.2.3. 이러한 흐름과 짜임새, 중요하게 쓰인 낱말이나 표현을 중심으로 사무엘상 24장 1–22절에서 무엇을 말하려는지 생각해 봅시다(→ 7.2.2.3. 풀이).

7.2.3. 말씀 깨닫기

❖ 다음의 물음에 대답하면서 사무엘상 24장 1–22절 전체의 교훈을 함께 찾아봅시다. 모든 문제를 다루기에 시간이 부족하다면 조별로 한 문제씩 나누어 맡아도 좋습니다.

7.2.3.1. 다윗이 숨어 있던 엔게디 광야가 어떤 지형을 가진 곳인가 알아봅시다(1–3절)(→ 7.2.3.1. 풀이).

7.2.3.2. 숨어 있던 굴에 들어와 용변을 보는 사울을 보고 원수를 처치할 절호의 기회라고 말하는 자기 사람들에게 다윗은 어떤 이유로 죽이기를 거부합니까?(6절)(→ 7.2.3.2. 풀이)

7.2.3.3. 다윗은 사울에게 자신을 무엇에 비유하며 낮춥니까?(14절)(→ 7.2.3.3. 풀이)

7.2.3.4. 다윗은 자신의 억울함을 풀어 줄 대상이 누구라고 생각하며 행동합니까?(15절)(→ 7.2.3.4. 풀이)

7.2.3.5. 다윗의 선한 행동에 감동한 사울이 다윗을 향하여 어떤 축복을 합니까?(20-21절)(→ 7.2.3.5. 풀이)

🔔 7.2.3.6. 조모임에서 이야기 나눈 것을 조모임 기록자가 → '7.2.3.6. 서식' 에 적어 두었다가 전체 앞에서 짧게 보고하고 함께 정리합니다.

7.3. 말씀과 함께

☸ 찬송가, "네 맘과 정성을 다하여서"(2006년 판 새찬송가 218장, 가사는 아래에 있음)를 다함께 부릅니다.

1. 네 맘과 정성을 다하여서 주 너의 하나님을 사랑하라
   네 몸을 아끼고 사랑하듯 형제와 이웃을 사랑하라
   주께서 우리게 명하시니 그 명령 따라서 살아가리
2. 널 미워 해치는 원수라도 언제나 너그럽게 사랑하라
   널 핍박하는 자 위해서도 신실한 맘으로 복을 빌라
   주께서 우리게 명하시니 그 명령 따라서 살아가리
3. 나 항상 주님을 멀리하고 형제를 사랑하지 못하였다
   이러한 죄인을 사랑하사 주께서 몸 버려 죽으셨다
   속죄의 큰 사랑 받은 이 몸 생명 다 바쳐 충성하리. 아멘.

7.3.1. 말씀 전하기

❖ 7.3.1.1. 사무엘상 24장 1-22절을 본문으로 설교하려고 할 때 어떤 내용을 가장 강조하여, 어떤 설교 제목으로 설교하고 싶은지 하나씩 이야기해 봅시다.

❁ 7.3.1.2. 앞 7.3.1.1.에서 이야기 나눈 것을 한두 사람이 전체 앞에서 발표합니다.

7.3.2. 말씀대로 살기

❖ 각 조에서 조원들을 둘로 나누어 한쪽은 아래 7.3.2.1.을, 나머지 한쪽은 7.3.2.2.를 맡아 해 봅시다. 시간이 있으면 두 문제 다를 두고 이야기 나누어 봅시다.

7.3.2.1. 사무엘상 24장 1-22절에서 나의 경쟁자, 혹은 나를 힘들게 하거나 공격하는 사람에 대해 대응하는 방법들을 찾아보고(사울의 방법, 다윗의 사람들의 방법, 다윗의 방법), 이와 같은 일을 겪을 때 내가 대응하는 방법에 따라 얼마나 결과가 달라졌는지 경험을 나누어 봅시다(→ 7.3.2.1. 풀이).

7.3.2.2. 마찬가지로 인간관계에 있어 억울한 오해나 뜻밖의 갈등이 생기면 우리는 어떻게 해결하려고 노력합니까? 사무엘상 24장 15절에 나온 다윗의 말을 통해 교훈을 나누어 봅시다(→ 7.3.2.2. 풀이).

🔔 7.3.2.3. 조모임에서 이야기 나눈 것을 조모임 기록자가 → '7.3.2.2. 서식' 에 적어 두었다가 전체 앞에서 간단히 보고하고 함께 정리합니다.

◆ 읽어 볼 만한 글

링컨에게는 에드윈 스탠턴이라는 정적이 있었다. 스탠턴은 당시 가장? 유명한 변호사였는데 한 번은 두 사람이 함께 사건을 맡게 된 적이 있었다. 이 사실을 모르고 법정에 앉아? 있던 스탠턴은 링컨을 보자마자 자리에서 벌떡 일어나 '저 따위 시골뜨기와 어떻게 같이 일을 하라는 겁니까?' 라며 나가 버렸다. 이렇게 링컨을 얕잡아 보고 무례하게 행동한 적이 한두 번이 아니었다. 세월이 흘러, 대통령이 된 링컨은 내각을 구성하면서 가장 중요한 국방부 장관 자리에 바로 스탠턴을 임명했다.

참모들은? 이런 링컨의 결정에 놀랐다. 왜냐하면 링컨이 대통령에 당선되자? 스탠턴은 "링컨이 대통령이 된 것은 국가적 재난"이라고 공격했기 때문이다. 모든 참모들이 재고를 건의하자 링컨은 "나를 수백 번 무시한들 어떻습니까? 그는 사명감이 투철한 사람으로 국방부 장관을 하기에 충분합니다."라고 했다. "그래도 스탠턴은 당신의 원수가 아닙니까? 원수를 없애 버려야지요!" 라는 참모들의 말에 링컨은 빙그레 웃으며 말했다.

"저도 그렇게 생각합니다. 원수는 마음속에서 없애 버려야지요! 그러나? 그것은 '원수를 사랑으로 녹여 친구로 만들라는 말입니다. 예수님도 원수를 사랑하라고 하셨습니다."

총에 맞아 숨을 거두었을 때 스탠턴은 링컨을 부둥켜안고 통곡하며 이렇게 말했다고 한다. "여기, 가장 위대한 사람이 누워 있습니다." 결국 링컨은 자기를 미워했던 원수까지도 용서하고 사랑한 진정한 승리자였던 것이다.

- 권태일, 「사랑만이 희망입니다」(작은씨앗, 2006), 145쪽.

7.3.3. 다짐하기

☸ 7.3.3.1. 다함께 찬송 "이 말씀 따라 사는 동안"(류형선 글 · 가락, → '1.3.1. 악보')을 부릅니다.

☸ 7.3.3.2. 오늘 공부한 내용을 생각하면서 각자의 다짐을 한 문장의 짧은 기도문으로 → '7.3.3.2. 서식'에 적어 넣습니다. 그런 다음에 오늘 조모임을 이끈 사람이 그 공동 기도문을 하나로 묶어 다 읽고 "예수님 이름으로 기도합니다. 아멘."이라고 하면, 다른 조의 사람들은 함께 기도찬송, "우리들의 소원을 들어주옵소서."(채일손 글 · 가락, → '1.3.2. 악보')를 부름으로써 응답합니다.

✐ 7.4.1. 개인별 과제

아래 과제에 대한 답을 A4 한 쪽 분량으로 인터넷 클럽 ……자료실의 '개인별 과제' 게시판에 ……까지 올립니다.

(1) 사무엘상 24장 1-22절 공부에서 깨달은 가르침을 한 주간 동안 묵상하고 실천하는 과정에서 느끼게 된 문제점이나 경험을 짤막하게 적어 봅시다.

(2) 사무엘상 25장 1절-31장 13절을 읽고 그 줄거리를 간추려 적어 봅시다.

(3) 사무엘하 5장 1-10절을 여러 번 읽고 거기서 새롭게 느낀 점이나 발견한 점을 짧게 적어 봅시다.

(4) 아래 도표의 빈칸에 해당되는 내용을 간추려 적어 넣으면서 사무엘하 5장 1-10절의 흐름과 짜임새를 알아봅시다.

구 절	제 목	간추린 내용
1-3절	다윗이 이스라엘 전체의 왕이 됨	
4-5절	다윗의 치세	
6-8절	다윗이 시온 성을 점령함	
9-10절	다윗의 강성함	

(5) 사무엘하 5장 1-10절에 자주 나오거나 중요하게 쓰인 낱말이나 표현을 찾아봅시다.

(6) 이러한 흐름과 짜임새, 또 중요하게 쓰인 낱말이나 표현을 중심으로 사무엘하 5장 1-10절에서 무엇을 말하려는지 생각해 봅시다.

8. 사무엘하 5장 1-10절 공부

8.1. 말씀을 향하여

8.1.1. 마음 열기

☸ 8.1.1.1. 찬송가, “나의 사랑하는 책”(2006년 판 새찬송가 199장, → ‘7.1.1.1. 악보’)을 함께 부릅니다.

ꝺ 8.1.1.2. 묵상기도
어려운 여건 속에 시작했지만 문제를 하나둘 신앙적인 방법으로 극복하고 나니 하나님이 함께 하셔서 점점 형통케 된 경험이 있다면 기억하며 1분 정도 조용히 기도합니다.

8.1.2. 돌아보기

⇔ 지난주 공부에서 깨달은 바를 통해 나와 우리의 삶이 어떻게 얼마나 달라졌는지 잠시 옆 사람과 이야기 나누어 봅시다.

8.1.3. 생각하기

⇔8.1.3.1. 지난주 '7.4.1. 개인별 과제' 를 하다가 가장 새롭게 깨달은 점을 두고 옆 사람과 잠시 이야기를 나누어 봅시다.

☸ 8.1.3.2. 앞 8.1.3.1.에서 나눈 이야기를 한두 사람이 전체 앞에서 짤막하게 보고 합니다.

8.2. 말씀 속으로

8.2.1. 말씀 읽기

🕮 한 조에서 세 사람이 앞에 나와 → '8.2.1. 나누어 읽을 본문' 을 보고 해설자, 여부스 사람, 다윗의 역할을 맡고 그 조의 나머지 사람은 모두 이스라엘 모든 지파를 맡아 큰 소리로 천천히 나누어 읽습니다. 다른 사람들은 성경을 보지 말고 잘 들어 봅시다.

8.2.2. 말씀 듣기

❖ 지난주 '7.4.1. 개인별 과제' 에서 (4)(5)(6)을 함께 풀어 봅니다.

8.2.2.1.아래 도표의 빈칸에 해당되는 내용을 간추려 적어 넣으면서 사무엘하 5장 1-10절의 흐름과 짜임새를 알아봅시다(→ 8.2.2.1. 풀이).

구 절	제 목	간추린 내용
1-3절	다윗이 이스라엘 전체의 왕이 됨	
4-5절	다윗의 치세	
6-8절	다윗이 시온 성을 점령함	
9-10절	다윗의 강성함	

8.2.2.2. 사무엘하 5장 1-10절에 자주 나오거나 중요하게 쓰인 낱말이나 표현을 찾아봅시다(→ 8.2.2.2. 풀이).

8.2.2.3. 이러한 흐름과 짜임새, 또 중요하게 쓰인 낱말이나 표현을 중심으로 사무엘하 5장 1-10절이 무엇을 말하려는지 생각해 봅시다(→ 8.2.2.3. 풀이).

8.2.3. 말씀 깨닫기

❖ 다음의 물음에 대답하면서 사무엘하 5장 1-10절 전체의 교훈을 함께 찾아봅시다. 모든 문제를 다루기에 시간이 부족하다면 조별로 한 문제씩 나누어 맡아도 좋습니다.

8.2.3.1. 이스라엘 장로들은 여호와의 말씀을 인용하며 다윗이 이스라엘의 무엇과 무엇이 될 것이라고 말합니까?(2절, 참조. 렘 23:4-5; 겔 37:24)(→ 8.2.3.1. 풀이)

8.2.3.2. 다윗이 이스라엘 왕이 되기 위해 이스라엘 장로들과 하였던 두 가지 절차는 무엇입니까?(3절)(→ 8.2.3.2. 풀이)

8.2.3.3. 다윗이 왕이 된 나이와 이스라엘과 유다를 다스린 통치기간은 얼마입니까?(4-5절)(→ 8.2.3.3. 풀이)

8.2.3.4. 다윗이 빼앗은 성의 본래 이름은 무엇이었으며, 다윗은 그 성에 살면서 그 성의 이름을 무엇이라 하였습니까?(7, 9절)(→ 8.2.3.4. 풀이)

8.2.3.5. 다윗이 점점 강성하여 진 이유는 무엇입니까?(10절)(→ 8.2.3.5. 풀이)

🔔 8.2.3.6. 조모임에서 이야기 나눈 것을 조모임 기록자가 → '8.2.3.6. 서식' 에 적어 두었다가 전체 앞에서 짧게 보고하고 함께 정리합니다.

8.3. 말씀과 함께

❁ 찬송가, "예수가 함께 계시니"(2006년 판 새찬송가 325장, 가사는 아래에 있음)를 다함께 부릅니다.

1. 예수가 함께 계시니 시험이 오나 겁 없네
   기쁨의 근원 되시는 예수를 위해 삽시다
2. 이 세상 사는 동안에 주 이름 전파 하면서
   무한한 복락 주시는 예수를 위해 삽시다
3. 이 세상 친구 없어도 예수는 나의 친구니
   불의한 일을 버리고 예수를 위해 삽시다
4. 주께서 심판하실 때 잘했다 칭찬하리니
   이러한 상급 받도록 예수를 위해 삽시다

(후렴) 날마다 주를 섬기며 언제나 주를 기리고
그 사랑 안에 살면서 딴 길로 가지 맙시다.

8.3.1. 말씀 전하기

❖ 8.3.1.1. 지금 형편이나 상황이 어려워 좌절하고 낙심하는 사람에게 오늘 본문에서 말씀하는 대로 신앙적으로 문제를 해결하는 사람에게 장차 주어질 형통에 대해 설득력 있게 말해 봅시다.

❁ 8.3.1.2. 앞 8.3.1.1.에서 이야기 나눈 것을 한두 사람이 전체 앞에서 발표합니다.

8.3.2. 말씀대로 살기

❖ 각 조에서 조원들을 둘로 나누어 한쪽은 아래 8.3.2.1.을, 나머지 한쪽은 8.3.2.2.를 맡아 해 봅시다. 시간이 있으면 두 문제 다를 두고 이야기 나누어 봅시다.

8.3.2.1. 지난 시간 공부한 본문인 사무엘상 24장 1-22절의 교훈을 되돌아보고, 사무엘하 1장 11-27절과 사무엘하 4장 4절, 9장 1-13절을 통해 다윗의 어떠한 태도가 그의 형통의 원인이 되었을지 생각을 나누어 봅시다(→ 8.3.2.1. 풀이).

8.3.2.2. 우리가 강성해지고 형통하는 데 있어 하나님의 함께하심이 왜 그리 중요한지 다윗의 예를 통해 이야기를 나누어 봅시다.

8.3.2.3. 조모임에서 이야기 나눈 것을 조모임 기록자가 → '8.3.2.3. 서식' 에 적어 두었다가 전체 앞에서 간단히 보고하고 함께 정리합니다.

◆ 읽어 볼 만한 글

프랑스의 세계적인 패션디자이너 코코 샤넬은 열두 살에 언니와 함께 수녀원에서 운영하는 오바진 고아원에 맡겨졌다. 깡마르고 고집 세며 자유분방한 검은 머리 소녀는 고아원 생활에 적응하기 어려웠다. 엄격한 규칙적인 생활은 더더구나 싫었다. 훗날 샤넬은 이렇게 말한다. "나는 열두 살에 모든 걸 빼앗겼다는 것을 알았어요. 그때 나는 죽은 거나 다름없었지요."

그러나 세계적인 디자이너로서의 인생은 수녀원에서 살았던 어린 시절을 빼놓고는 설명할 수 없다. 그녀가 선호하는 검정과 짙은 색, 흑백 대비, 단순하며 중후한 디자인은 어린 시절 오바진 수녀원의 수녀가 입은 수녀복에서 영감을 얻었다. 유명한 샤넬 로고도 그 시절의 경험에서 탄생한다. 어린 샤넬은 수녀원에서 미사를 드리는 동안 촛불이 흔들리는 그림자를 보며 머릿속으로 어떤 형상을 그렸다. C라는 철자 두 개가 교차된 모양이었다. 어린 시절 그녀의 눈에 강한 인상을 남긴 이 형상이 바로 두 개의 C가 교차하는 샤넬 로고가 된 것이다. 향수 이름 대신 번호를 붙이겠다는 생각도 그랬다. 오바진 수녀원에서 자랄 때 2층 회랑의 모자이크에서 읽은 숫자들이 마치 비밀 문자라도 되는 양 소녀의 눈에 신비스럽기만 했다. 훗날 그녀는 향수 이름을 짓는 대신 과감하게 번호를 붙였다. 그녀는 '샤넬 N°5' 의 '5' 가 행운의 숫자가 되리라 믿었던 것이다. 그렇게 샤넬은 수녀원 생활을 싫어했으나 그때의 체험을 자신의 사업에 모두 이용했다.

- "마자렐로의 소녀들" 중에서, 「한겨레21」, 제819호(2010.07.16)

8.3.3. 다짐하기

☸ 8.3.3.1. 다함께 찬송 "이 말씀 따라 사는 동안"(류형선 글 · 가락, → '1.3.1. 악보')을 부릅니다.

☸ 8.3.3.2. 오늘 공부한 내용을 생각하면서 각자의 다짐을 한 문장의 짧은 기도문으로 → '8.3.3.2. 서식' 에 적어 넣습니다. 그런 다음에 오늘 조모임을 이끈 사람이 그 공동 기도문을 하나로 묶어 다 읽고 "예수님 이름으로 기도합니다. 아멘."이라고 하면, 다른 조의 사람들은 함께 기도찬송, "우리들의 소원을 들어주옵소서."(채일손 글 · 가락, → '1.3.2. 악보')를 부름으로써 응답합니다.

✐8.4.1. 개인별 과제

아래 과제에 대한 답을 A4 한 쪽 분량으로 인터넷 클럽 ……자료실의 '개인별 과제' 게시판에 ……까지 올립니다.

(1) 사무엘하 5장 1-10절 공부에서 깨달은 가르침을 한 주간 동안 묵상하고 실천하는 과정에서 느끼게 된 문제점이나 경험을 짤막하게 적어 봅시다.

(2) 사무엘하 5장 11절-11장 27절을 읽고 그 줄거리를 간추려 적어 봅시다.

(3) 사무엘하 12장 1-15절 상반절을 여러 번 읽고 거기서 새롭게 느낀 점이나 발견한 점을 짧게 적어 봅시다.

(4) 아래 도표의 빈칸에 해당되는 내용을 간추려 적어 넣으면서 사무엘하 12장 1-15절 상반절의 흐름과 짜임새를 알아봅시다.

구 절	제 목	간추린 내용
1-4절	나단이 들려준 이야기	
5-6절	다윗의 반응	
7-12절	나단이 전한 하나님의 심판 메시지	
13-15절 상반절	다윗의 회개	

(5) 사무엘하 12장 1-15절 상반절에 자주 나오거나 중요하게 쓰인 낱말이나 표현을 찾아봅시다.

(6) 이러한 흐름과 짜임새, 또 중요하게 쓰인 낱말이나 표현을 중심으로 사무엘하 12장 1-15절 상반절에서 무엇을 말하려는지 생각해 봅시다.

8.4.2. 공동작업 과제

다섯 조 가운데 한 조에서 아래 과제를 맡아 그 결과물을 ……자료실의 '공동작업 과제' 게시판에 ……까지 올리고 다음 시간 첫머리에 발표해 봅시다.

하나님의 이미지 표현하기

자신의 삶의 중요한 순간 속에서 함께 하셨던 하나님을 기억하며, 그 당시 발견했던 하나님의 이미지를 그림으로 표현해 봅시다.

1) 각자 삶의 돌아보며 중요한 고비 속에서 함께 하셨던 하나님의 은혜를 기억하기
2) 그 당시의 모습을 구체적으로 서술하기(상황, 느낌 등)
3) 서술에 근거한 하나님의 이미지를 그림으로 표현하기
4) 이미지가 담고 있는 내용을 한두 줄의 문장으로 표현하기
5) 조원들의 그림을 모아 스캐닝을 하여 디지털 영상사진첩을 만들어 발표하기

9. 사무엘하 12장 1-15절 상반절 공부

9.1. 말씀을 향하여

9.1.1. 마음 열기

☸ 9.1.1.1. 찬송가, "나의 사랑하는 책"(2006년 판 새찬송가 199장, → '7.1.1.1. 악보')을 함께 부릅니다.

9.1.1.2. 묵상기도
잘 나간다 싶을 때 교만과 욕심으로 넘어진 경우가 있었는지 자신의 경험이나 다른 사람의 예를 생각하며 1분 정도 조용히 기도합니다.

9.1.2. 돌아보기

☸ 9.1.2.1. 지난주 '8.4.2. 공동작업 과제' 를 맡은 조가 준비한 내용을 5분 안에 그 조원 전체가 앞에 나와 선포합니다. 이를 들은 느낌을 한두 사람이 전체 앞에서 말해 봅시다. 준비한 조에서는 한 사람이, 준비하는 과정과 준비하면서 느낀 점 등을 두고 짧게 보고합니다.

⇔9.1.2.2. 지난주 공부에서 깨달은 바를 통해 나와 우리의 삶이 어떻게 얼마나 달라졌는지 잠시 옆 사람과 이야기 나누어 봅시다.

9.1.3. 생각하기

⇔9.1.3.1. 지난주 '8.4.1. 개인별 과제' 를 하다가 가장 새롭게 깨달은 점을 두고 옆 사람과 잠시 이야기를 나누어 봅시다.

☸ 9.1.3.2. 앞 9.1.3.1.에서 나눈 이야기를 한두 사람이 전체 앞에서 짧게 말해 보고 합니다.

9.2. 말씀 속으로

9.2.1. 말씀 읽기

📖 한 조에서 네 사람이 앞에 나와 → '8.2.1. 나누어 읽을 본문' 을 보고 해설자, 나단, 다윗, 하나님의 역할을 맡아 큰 소리로 천천히 나누어 읽습니다. 다른 사람들은 성경을 보지 말고 잘 들어 봅시다.

9.2.2. 말씀 듣기

❖ 지난주 '8.4.1. 개인별 과제' 에서 (4)(5)(6)을 함께 풀어 봅니다.

9.2.2.1. 아래 도표의 빈칸에 해당되는 내용을 간추려 적어 넣으면서 사무엘하 12장 1-15절 상반절의 흐름과 짜임새를 알아봅시다(→ 9.2.2.1. 풀이).

구 절	제 목	간추린 내용
1-4절	나단이 들려준 이야기	
5-6절	다윗의 반응	
7-12절	나단이 전한 하나님의 심판 메시지	
13-15절 상반절	다윗의 회개	

9.2.2.2. 사무엘하 12장 1-15절 상반절에 자주 나오거나 중요하게 쓰인 낱말이나 표현을 찾아봅시다(→ 9.2.2.2. 풀이).

9.2.2.3. 이러한 흐름과 짜임새, 또 중요하게 쓰인 낱말이나 표현을 중심으로 사무엘하 12장 1-15절 상반절이 무엇을 말하려는지 생각해 봅시다(→ 9.2.2.3. 풀이).

9.2.3. 말씀 깨닫기

❖ 다음의 물음에 대답하면서 사무엘하 12장 1-15절 상반절 전체의 교훈을 함께 찾아봅시다. 모든 문제를 다루기에 시간이 부족하다면 조별로 한 문제씩 나누어 맡아도 좋습니다.

9.2.3.1. 나단의 비유에 등장하는 부자가 잘못한 점은 무엇입니까?(3-4절)(→ 9.2.3.1. 풀이)

9.2.3.2. 나단의 비유를 들은 다윗의 반응은 어떠했습니까?(5-6절)(→ 9.2.3.2. 풀이)

9.2.3.3. 다윗이 범한 범죄는 무엇은 업신여긴 것이라고 질책 받습니까?(9-10절)(→ 9.2.3.3. 풀이)

9.2.3.4. 다윗의 범죄로 인해 그에게 선포된 하나님의 심판은 무엇입니까?(10-11절)(→ 9.2.3.4. 풀이)

9.2.3.5. 나단은 다윗이 낳은 아이가 반드시 죽어야 할 이유가 무엇이라고 말합니까?(14절)(→ 9.2.3.5. 풀이)

🔔 9.2.3.6. 조모임에서 이야기 나눈 것을 조모임 기록자가 → '9.2.3.6. 서식' 에 적어 두었다가 전체 앞에서 짧게 보고하고 함께 정리합니다.

9.3. 말씀과 함께

☸ 찬송가, "너희 죄 흉악하나"(2006년 판 새찬송가 255장, 가사는 아래에 있음)를 다함께 부릅니다.

1. 너희 죄 흉악하나 눈과 같이 희겠네
   너희 죄 흉악하나 눈과 같이 희겠네
   죄의 빛 흉악하나 희게 되리라
   주홍 빛 같은 네 죄 주홍 빛 같은 네 죄
   눈과 같이 희겠네 눈과 같이 희겠네
2. 악한 죄 벗으라고 주님 너를 부르네
   악한 죄 벗으라고 주님 너를 부르네
   하나님 크신 사랑 한이 없어라
   악한 죄 벗으라고 악한 죄 벗으라고
   주님 너를 부르네 주님 너를 부르네
3. 너희 죄 사해 주사 기억 아니 하시네

너희 죄 사해 주사 기억 아니 하시네
불쌍한 사람들아 오라 하시네
너희 죄 사해 주사 너희 죄 사해 주사
기억 아니 하시네 기억 아니 하시네.

9.3.1. 말씀 전하기

❖ 9.3.1.1. 하나님의 은혜와 형통케 하심으로 점점 더 강성해진 사람이 한 순간의 유혹을 못 이겨 무너진 예를 골라 왜 그렇게 되었는지 다른 사람에게 전해 봅시다.

❁ 9.3.1.2. 앞 9.3.1.1.에서 쓴 것을 서로 돌려 본 뒤에 한두 사람이 전체 앞에서 발표합니다.

9.3.2. 말씀대로 살기

❖ 각 조에서 조원들을 둘로 나누어 한쪽은 아래 9.3.2.1.을, 나머지 한쪽은 9.3.2.2.를 맡아 해 봅시다. 시간이 있으면 두 문제 다를 두고 이야기 나누어 봅시다.

9.3.2.1. 잠언 30장 8-9절과 고린도전서 10장 12절을 읽고 우리가 지금 누리고 있는 형통이나 강성함을 계속 누리며 유혹으로 인해 넘어지지 않는 방법이 무엇일까 생각을 나누어 봅시다.

9.3.2.2. 다윗의 죄 자체는 회개를 통해 사함 받았지만 그의 집안과 후손들에게 죄의 대가가 넘어가게 됩니다. 장차 다윗의 집안에 일어날 일들을 염두에 두고 본문 10-12절의 내용을 다시 한 번 살펴봅시다(→ 9.3.2.2. 풀이).

🔔 9.3.2.3. 조모임에서 이야기 나눈 것을 조모임 기록자가 → '9.3.2.3. 서식'에 적어 두었다가 전체 앞에서 간단히 보고하고 함께 정리합니다.

◆ 읽어 볼 만한 글

우리를 용서하여 주소서

거룩하신 하나님,
영혼과 생명을 바쳐 당신을 섬기기로
우리는 오래 전에 맹세하였습니다.
그러나 우리는 아직도 죄를 짓기가 그리도 쉬우며
당신께 순종하려는 마음이 그리도 적은 것을
이 시간 당신 앞에서 슬퍼하고 한탄합니다.
우리는 게으름을 너무도 사랑합니다.
우리는 일할 마음이 너무도 적습니다.
우리는 노는 일에 너무도 민첩합니다.
우리는 기도하는 일에 너무도 게으릅니다.
우리는 자신을 섬기는 일에 너무도 적극적입니다.
우리는 남들을 섬기는 일에 너무도 굼뜹니다.
우리는 받는 것을 너무도 열망합니다.
우리는 주는 일에 너무도 마음이 인색합니다.

우리의 고백은 너무도 고상합니다.

우리의 실천은 너무도 초라합니다.

우리는 역경 중에 너무도 연약합니다.

우리는 번영 중에 너무도 마음이 들뜹니다.

자비하신 하나님,

우리를 용서하여 주소서.

당신의 뜻에 순종함으로 당신과 하나 되게 하소서.

-존 베일리-

9.3.3. 다짐하기

❁ 9.3.3.1. 다함께 찬송 "이 말씀 따라 사는 동안"(류형선 글 · 가락, → '1.3.1. 악보')을 부릅니다.

❁ 9.3.3.2. 오늘 공부한 내용을 생각하면서 각자의 다짐을 한 문장의 짧은 기도문으로 → '9.3.3.2. 서식' 에 적어 넣습니다. 그런 다음에 오늘 조모임을 이끈 사람이 그 공동 기도문을 하나로 묶어 다 읽고 "예수님 이름으로 기도합니다. 아멘."이라고 하면, 다른 조의 사람들은 함께 기도찬송, "우리들의 소원을 들어주옵소서."(채일손 글 · 가락, → '1.3.2. 악보')를 부름으로써 응답합니다.

✐ 9.4.1. 개인별 과제

아래 과제에 대한 답을 A4 한 쪽 분량으로 인터넷 클럽 ……자료실의 '개인별 과제' 게시판에 ……까지 올립니다.

(1) 사무엘하 12장 1-15절 상반절 공부에서 깨달은 가르침을 한 주간 동안 묵상하고 실천하는 과정에서 느끼게 된 문제점이나 경험을 짤막하게 적어 봅시다.

(2) 사무엘하 12장 15절 하반절-19장 15절을 읽고 그 줄거리를 간추려 적어 봅시다.

(3) 사무엘하 19장 16-23절, 31-39절을 여러 번 읽고 거기서 새롭게 느낀 점이나 발견한 점을 짧게 적어 봅시다.

(4) 아래 도표의 빈칸에 해당되는 내용을 간추려 적어 넣으면서 사무엘하 19장 16-23절, 31-39절의 흐름과 짜임새를 알아봅시다.

구 절	제 목	간추린 내용
16-20절	시므이의 기회주의	
21-23절	다윗의 반응	
31-39절	바르실래의 선행과 겸손	

(5) 사무엘하 19장 16-23절, 31-39절에 자주 나오거나 중요하게 쓰인 낱말이나 표현을 찾아봅시다.

(6) 이러한 흐름과 짜임새, 또 중요하게 쓰인 낱말이나 표현을 중심으로 사무엘하 19장 16-23절, 31-39절이 무엇을 말하려는지 생각해 봅시다.

10. 사무엘하 19장 16-23절, 31-39절 공부

10.1. 말씀을 향하여

10.1.1. 마음 열기

☸ 10.1.1.1. 찬송가, "어두운 내 눈 밝히사"(2006년 판 새찬송가 366장, → '10.1.1.1. 악보')를 함께 부릅니다.

♁ 10.1.1.2. 묵상기도
어려움에 처한 사람을 선대함으로 복을 받은 경험이 있다면 돌이켜 보며 1분 정도 조용히 기도합니다.

10.1.2. 돌아보기

⇔ 지난주 공부에서 깨달은 바를 통해 나와 우리의 삶이 어떻게 얼마나 달라졌는지 잠시 옆 사람과 이야기 나누어 봅시다.

10.1.3. 생각하기

⇔10.1.3.1. 지난주 '9.4.1. 개인별 과제'를 하다가 가장 새롭게 깨달은 점을 두고 옆 사람과 잠시 이야기를 나누어 봅시다.

☸10.1.3.2. 앞 10.1.3.1.에서 나눈 이야기를 한두 사람이 전체 앞에서 짤막하게 보고합니다.

10.2. 말씀 속으로

10.2.1. 말씀 읽기

🕮 한 조에서 다섯 사람이 앞에 나와 → '10.2.1. 나누어 읽을 본문'을 보고 해설자, 시므이, 아비새, 다윗, 바르실래의 역할을 맡아 큰 소리로 천천히 나누어 읽습니다. 다른 사람들은 성경을 보지 말고 잘 들어 봅시다.

10.2.2. 말씀 듣기

❖ 지난주 '9.4.1. 개인별 과제'에서 (4)(5)(6)을 함께 풀어 봅니다.

10.2.2.1. 아래 도표의 빈칸에 해당되는 내용을 간추려 적어 넣으면서 사무엘하 19장 16-23절, 31-39절의 흐름과 짜임새를 알아봅시다(→ 10.2.2.1. 풀이).

구 절	제 목	간추린 내용
16-20절	시므이의 기회주의	
21-23절	다윗의 반응	
31-39절	바르실래의 선행과 겸손	

10.2.2.2. 사무엘하 19장 16-23절, 31-39절에 자주 나오거나 중요하게 쓰인 낱말이나 표현을 찾아봅시다(→ 10.2.2.2. 풀이).

10.2.2.3. 이러한 흐름과 짜임새, 또 중요하게 쓰인 낱말이나 표현을 중심으로 사무엘하 19장 16-23절, 31-39절이 무엇을 말하려는지 생각해 봅시다(→ 10.2.2.3. 풀이).

10.2.3. 말씀 깨닫기

❖ 다음의 물음에 대답하면서 사무엘하 19장 16-23절, 31-39절 전체의 교훈을 함께 찾아봅시다. 모든 문제를 다루기에 시간이 부족하다면 조별로 한 문제씩 나누어 맡아도 좋습니다.

10.2.3.1. 다윗이 도망할 때는 저주를 퍼부었다가 이제는 맨 먼저 달려가서 자신을 용서해 달라고 부탁하는 시므이의 행동을 통해서 볼 때 그는 어떤 사람이라고 생각됩니까?(19-20절, 참조. 16:7-8)(→ 10.2.3.1. 풀이)

10.2.3.2. 다윗이 도망할 때나 귀환할 때 모두 시므이를 살려 두는 모습에서 어떠한 다윗의 신앙은 발견할 수 있습니까?(21-23절, 참조. 삼하 16:9-12)(→ 10.2.3.2. 풀이)

10.2.3.3. 바르실래는 다윗이 마하나임에 머무를 때 다윗에게 어떻게 행동했습니까?(32절, 참조. 17:27-29)(→ 10.2.3.3. 풀이)

10.2.3.4. 바르실래의 선한 행동에 보답하고자 하는 다윗에게 바르실래가 요구한 것은 무엇입니까?(37절)(→ 10.2.3.4. 풀이)

10.2.3.5 다윗은 바르실래에게 무엇을 약속합니까?(38절, 참조. 왕상 2:7)(→ 10.2.3.5. 풀이)

10.2.3.6. 조모임에서 이야기 나눈 것을 조모임 기록자가 → '10.2.3.6. 서식' 에 적어 두었다가 전체 앞에서 짧게 보고하고 함께 정리합니다.

10.3. 말씀과 함께

❁ 복음성가, "신실하게 진실하게 거룩하게"(가사는 아래에 있음)를 다함께 부릅니다.

1. 신실하게 진실하게 거룩하게 살게 하소서
   신실하게 진실하게 거룩하게 살게 하소서(2번 반복)
   하나님 나의 마음 만져 주소서
   하나님 나의 영혼 새롭게 하소서
2. 신실하게 진실하게 거룩하게 살게 하소서
   신실하게 진실하게 거룩하게 살게 하소서(2번 반복)
   하나님 나의 기도 들어주소서
   하나님 주의 길로 인도하소서.

10.3.1. 말씀 전하기

❖ 10.3.1.1. 본문 전체나 그 중 한 부분을 본문으로 정하여 즉석에서 1분 설교를 해봅시다.

❁ 10.3.1.2. 앞 10.3.1.1.에서 이야기 나눈 것을 한두 사람이 전체 앞에서 발표합니다.

10.3.2. 말씀대로 살기

❖ 각 조에서 조원들을 둘로 나누어 한쪽은 아래 10.3.2.1.을, 나머지 한쪽은 10.3.2.2.를 맡아 해 봅시다. 시간이 있으면 두 문제 다를 두고 이야기 나누어 봅시다.

10.3.2.1. 상황에 따라 소신을 바꾸는 기회주의적인 사람들이 많습니다. 그들의 결말이 어떠한지 열왕기상 2장 39-46절을 읽은 후 이야기를 나누어 봅시다(→ 10.3.2.1. 풀이).

10.3.2.2. 지금 주변에서 어려운 처지에 있거나 힘든 일을 당한 사람이 있는지 생각해 보고 우리가 그에게 구체적으로 도움을 줄 수 있는 방법이 무엇일지 생각을 나누어 봅니다.

10.3.2.3. 조모임에서 이야기 나눈 것을 조모임 기록자가 → '10.3.2.3. 서식' 에 적어 두었다가 전체 앞에서 간단히 보고하고 함께 정리합니다.

◆ 읽어 볼 만한 글

뉴욕에서의 일이다. 비가 억수처럼 퍼붓고 있는데, 머리가 헝클어진 한 노부인이 비를 피하기 위해 어느 큰 가구점 안으로 들어와 도움을 청했다. 하지만 돈도 한 푼 없어 보인 그 노부인에게 사람들은 별 관심이 없다는 듯 그 노부인의 말에 귀를 기울이지 않았다. 그 때 판매 점원으로 일하는 한 젊은이가 다가와 말했다.

"댁에 가실 수 있도록 제가 택시를 불러올 테니, 그 동안 잠시 이 의자에 앉아 계셔요."

그러고 나서 젊은이는 곧바로 거리로 나가 택시를 불러왔다. 떠나기 전에 노부인이 감사를 표하며 말했다. "젊은이, 이 종이에 젊은이의 이름과 주소를 적어 주시겠소?"

젊은이가 이름과 연락처를 적어 주었고, 곧이어 그들은 헤어졌다.

이튿날 이 노부인의 아들인 미국 최대의 철강 재벌 앤드류 카네기가 그 가구점에 전화를 걸었다. 그는 자신이 최근에 매입한 스코틀랜드의 성을 장식하는 데 필요한 모든 가구를 그 가구점에서 사겠다고 말했다. 그리고 그곳에서 일하는 한 젊은이의 이름을 대면서 그가 모든 판매를 관리하고 커미션도 그 젊은이에게 돌아가게 되기를 원한다고, 덧붙여 그 젊은이가 스코틀랜드에 가서 그 가구들을 배치하는 일을 도와주기를 바란다고 말했다.

가구점의 총책임자는 그 젊은이는 그다지 경험이 많지 않고 자기가 다년간의 경험으로 이 중대한 일을 맡기에는 적임자라고 역설했다.

카네기가 그에게 말했다.

"나의 어머니께서 이 젊은이가 누구인지도 모르는 사람에게 큰 친절을 베풀었다고 말씀하셨소. 그것이 그 젊은이의 인간됨을 잘 말해 주고 있다고 생각하오. 난 그 젊은이에게 이 일을 맡기고 싶고, 또 모든 커미션을 그가 갖게 되기를 바라오. 만일 그렇지 않으면 난 다른 곳에서 필요한 가구를 구입하겠소."

- 델마 스핀라드(http://cafe.daum.net/prudentpersons)

10.3.3. 다짐하기

☸ 10.3.3.1. 다함께 찬송 "이 말씀 따라 사는 동안"(류형선 글 · 가락, → '1.3.1. 악보')을 부릅니다.

❁ 10.3.3.2. 오늘 공부한 내용을 생각하면서 각자의 다짐을 한 문장의 짧은 기도문으로 → '10.3.3.2. 서식' 에 적어 넣습니다. 그런 다음에 오늘 조모임을 이끈 사람이 그 공동 기도문을 하나로 묶어 다 읽고 "예수님 이름으로 기도합니다. 아멘."이라고 하면, 다른 조의 사람들은 함께 기도찬송, "우리들의 소원을 들어주옵소서."(채일손 글 · 가락, → '1.3.2. 악보')를 부름으로써 응답합니다.

10.4.1. 개인별 과제

아래 과제에 대한 답을 A4 한 쪽 분량으로 인터넷 클럽 ……자료실의 '개인별 과제' 게시판에 ……까지 올립니다.

(1) 사무엘하 19장 16-23절, 31-39절 공부에서 깨달은 가르침을 한 주간 동안 묵상하고 실천하는 과정에서 느끼게 된 문제점이나 경험을 짤막하게 적어 봅시다.

(2) 사무엘하 19장 24-30절과 사무엘하 19장 40절-24장 9절을 읽고 그 줄거리를 간추려 적어 봅시다.

(3) 사무엘하 24장 10-25절을 여러 번 읽고 거기서 새롭게 느낀 점이나 발견한 점을 짧게 적어 봅시다.

(4) 아래 도표의 빈칸에 해당되는 내용을 간추려 적어 넣으면서 사무엘하 24장 10-25절의 흐름과 짜임새를 알아봅시다.

구 절	제 목	간추린 내용
10-14절	다윗의 인구조사에 따른 징벌	
15-17절	다윗의 선택의 결과	
18-23절	아라우나의 호의	
24-25절	다윗의 제사	

(5) 사무엘하 24장 10-25절에 자주 나오거나 중요하게 쓰인 낱말이나 표현을 찾아봅시다.

(6) 이러한 흐름과 짜임새, 또 중요하게 쓰인 낱말이나 표현을 중심으로 사무엘하 24장 10-25절이 무엇을 말하려는지 생각해 봅시다.

10.4.2. 공동작업 과제

다섯 조 가운데서 한 조가 아래 과제의 결과물을 인터넷 클럽 ……자료실의 '공동작업 과제' 게시판에 ……까지 올리고, 다음 시간에 전체 앞에 발표해 봅시다.

우리 주변에서 어려운 이웃을 찾아 우리의 마음을 삶으로 실천하기

1) 주변의 어려운 이웃을 선택하기
2) 그들을 위해서 할 수 있는 활동에 대해서 논하기
3) 함께 할 수 있는 활동을 하나 선택하기
4) 실천을 위한 구체적인 계획 세우기(날짜/방법/비용)
5) 계획을 실천하기

11. 사무엘하 24장 10-25절 공부

11.1. 말씀을 향하여

11.1.1. 마음 열기

☸ 11.1.1.1. 찬송가, "어두운 내 눈 밝히사"(2006년 판 새찬송가 366장, → '10.1.1.1. 악보')를 함께 부릅니다.

✎ 11.1.1.2. 묵상기도
잘못된 동기에서 시작된 일은 반드시 그 대가를 치르게 된다는 사실을 생각하며 1분 정도 조용히 기도합니다.

11.1.2. 돌아보기

☸ 11.1.2.1. 지난주 '10.4.2. 공동작업 과제'를 맡은 조가 준비한 내용을 본 뒤에 그 느낌을 한두 사람이 전체 앞에서 이야기 해 봅시다. 또 이 공동작업 과제를 준비한 조에서 한 사람이, 함께 준비한 과정과 준비하면서 느낀 점 등을 두고 짧게 보고합니다.

⇔11.1.2.2. 지난주 공부에서 깨달은 바를 통해 나와 우리의 삶이 어떻게 얼마나 달라졌는지 잠시 옆 사람과 이야기 나누어 봅시다.

11.1.3. 생각하기

⇔11.1.3.1. 지난주 '10.4.1. 개인별 과제'를 하다가 가장 새롭게 깨달은 점을 두고 옆 사람과 잠시 이야기를 나누어 봅시다.

☸ 11.1.3.2. 앞 11.1.3.1.에서 나눈 이야기를 한두 사람이 전체 앞에서 짧게 말해 보고합니다.

11.2. 말씀 속으로

11.2.1. 말씀 읽기

📖 한 조에서 네 사람이 앞에 나와 → '11.2.1. 나누어 읽을 본문' 을 보고 해설자, 다윗, 갓, 아라우나의 역할을 맡아 큰 소리로 천천히 나누어 읽습니다. 다른 사람들은 성경을 보지 말고 잘 들어 봅시다.

11.2.2. 말씀 듣기

❖ 지난주 '10.4.1. 개인별 과제' 에서 (4)(5)(6)을 함께 풀어 봅니다.

11.2.2.1. 아래 도표의 빈칸에 해당되는 내용을 간추려 적어 넣으면서 사무엘하 24장 10-25절의 흐름과 짜임새를 알아봅시다(→ 11.2.2.1. 풀이).

구 절	제 목	간추린 내용
10-14절	다윗의 인구조사에 따른 징벌	
15-17절	다윗의 선택의 결과	
18-23절	아라우나의 호의	
24-25절	다윗의 제사	

11.2.2.2. 사무엘하 24장 10-25절에 자주 나오거나 중요하게 쓰인 낱말이나 표현을 찾아봅시다(→ 11.2.2.2. 풀이).

11.2.2.3. 이러한 흐름과 짜임새, 또 중요하게 쓰인 낱말이나 표현을 중심으로 사무엘하 24장 10-25절이 무엇을 말하려는지 생각해 봅시다(→ 11.2.2.3. 풀이).

11.2.3. 말씀 깨닫기

❖ 다음의 물음에 대답하면서 사무엘하 24장 10-25절 전체의 교훈을 함께 찾아봅시다. 모든 문제를 다루기에 시간이 부족하다면 조별로 한 문제씩 나누어 맡아도 좋습니다.

11.2.3.1. 다윗은 백성을 조사한 후 자신의 일에 대하여 어떤 반응을 보입니까?(10절)(→ 11.2.3.1. 풀이)

11.2.3.2. 갓이 다윗에게 세 가지 중에 하나를 택하라고 한 징벌의 내용은 무엇입니까?(13절)(→ 11.2.3.2. 풀이)

11.2.3.3. 천사가 예루살렘을 치려고 할 때 여호와께서 보이신 반응은 무엇입니까?(16절)(→ 11.2.3.3. 풀이)

11.2.3.4. 이스라엘이 하나님의 징벌을 받을 때 다윗의 지도자 됨을 엿볼 수 있는 행동은 무엇입니까?(17절, 참조. 출 32장)(→ 11.2.3.4. 풀이)

11.2.3.5. 다윗이 타작마당과 소를 사기 위해 아라우나에게 지불한 금액은 얼마입니까?(24절, 참조. 창 23장)(→ 11.2.3.5. 풀이)

11.2.3.6. 이스라엘에 내리던 재앙이 그친 이유는 무엇입니까?(25절)(→ 11.2.3.6. 풀이)

🔔 11.2.3.7. 조모임에서 이야기 나눈 것을 조모임 기록자가 → '11.2.3.7. 서식' 에 적어 두었다가 전체 앞에서 짧게 보고하고 함께 정리합니다.

11.3. 말씀과 함께

☸ 복음성가, "말씀하시면"(가사는 아래에 있음)을 다함께 부릅니다.

주님 말씀하시면 내가 나아가리다
주님 뜻이 아니면 내가 멈춰 서리다
나의 가고 서는 것 주님 뜻에 있으니
오 주님 나를 이끄소서(2번 반복)
뜻하신 그곳에 나 있기 원합니다
이끄시는 대로 순종하며 살리니
연약한 내 영혼 통하여 일하소서
주님 나라와 그 뜻을 위하여(2번 반복)
오 주님 나를 이끄소서.

11.3.1. 말씀 전하기

❖ 11.3.1.1. 방금 부른 복음성가 "말씀하시면"의 첫 가사를 보며 다윗의 문제점과 재앙해결 방법을 찾아보고, 우리는 어떻게 해야 할지 구체적인 내용을 예로 들어 다른 사람에게 전해 봅시다.

"주님 말씀하시면 내가 나아가리다"

→ 다윗이 이 방법으로 무서운 재앙을 그치게 한 방법을 찾아봅시다(→ 11.3.1.1. 풀이(1)).

→ 주님이 하라고 명하시면 하기 싫어도 해야 하는 경우를 구체적으로 적어 봅니다.

"주님 뜻이 아니면 내가 멈춰 서리다"

→ 다윗이 이 부분에서 실패한 것을 찾아봅시다(→ 11.3.1.1. 풀이(2)).

→ 주님이 하지 말라고 명하시면 하고 싶어도 하지 않아야 하는 경우를 구체적으로 적어 봅니다.

❁ 11.3.1.2. 앞 11.3.1.1.에서 각자 적은 내용을 가지고 말해 본 후 한두 사람이 전체 앞에서 발표합니다.

11.3.2. 말씀대로 살기

❖ 각 조에서 조원들을 둘로 나누어 한쪽은 아래 11.3.2.1.을, 나머지 한쪽은 11.3.2.2.를 맡아 해 봅시다. 시간이 있으면 두 문제 다를 두고 이야기 나누어 봅시다.

11.3.2.1. 우리가 하나님의 뜻대로가 아니라 내 의지와 필요에 따라 행한 일들이 어떤 결과를 불러왔는지 경험을 나누어 봅시다.

11.3.2.2. 하나님의 징벌은 어떤 방법을 통해서만 해결될 수 있습니까? 본문에서 답을 찾아보고 앞으로 이런 일들이 일어날 때 반드시 실천해 봅시다.

🔔 11.3.2.3. 조모임에서 이야기 나눈 것을 조모임 기록자가 → '11.3.2.3. 서식' 에 적어 두었다가 전체 앞에서 간단히 보고하고 함께 정리합니다.

◆ 읽어 볼 만한 글

길가의 돌

내 죽어 하나님 앞에 설 때
여기 세상에서 한 일이 무엇이냐
한 사람 한 사람 붙들고 물으시면
나는 맨 끝줄에 가 설 거야

내 차례가 오면 나는 슬그머니 다시
끝줄로 돌아가 설 거야

아무리 생각해도 나는 세상에서 한 일이 없어

끝줄로 가 서 있다가
어쩔 수 없이 마지막 내 차례가 오면
나는 울면서 말할 거야
정말 한 일이 아무것도 없습니다

그래도 무엇인가 한일을 생각해 보라시면
마지못해 울면서 대답할 거야
하나님,
길가의 돌 하나 주워 신작로 끝에
옮겨 놓은 것 밖에 한 일이 없습니다.

- 정종수 -

11.3.3. 다짐하기

☸ 11.3.3.1. 다함께 찬송 "이 말씀 따라 사는 동안"(류형선 글 · 가락, → '1.3.1. 악보')을 부릅니다.

☸ 11.3.3.2. 오늘 공부한 내용을 생각하면서 각자의 다짐을 한 문장의 짧은 기도문으로 → '11.3.3.2. 서식' 에 적어 넣습니다. 그런 다음에 오늘 조모임을 이끈 사람이 그 공동 기도문을 하나로 묶어 다 읽고 "예수님 이름으로 기도합니다. 아멘."이라고 하면, 다른 조의 사람들은 함께 기도찬송, "우리들의 소원을 들어주옵소서."(채일손 글 · 가락, → '1.3.2. 악보')를 부름으로써 응답합니다.

✎11.4.1. 개인별 과제

아래 과제에 대한 답을 A4 한 쪽 분량으로 인터넷 클럽 ……자료실의 '개인별 과제' 게시판에 ……까지 올립니다.

(1) 사무엘하 24장 10-25절 공부에서 깨달은 가르침을 한 주간 동안 묵상하고 실천하는 과정에서 느끼게 된 문제점이나 경험을 짤막하게 적어 봅시다.

(2) 이번 학기 수업에서 익힌 성경 공부하는 방법의 좋은 점과 아쉬운 점은 무엇입니까?

(3) 아래 도표의 빈 칸을 채우면서, 지금까지 함께 공부한 사무엘상·사무엘하의 열 본문을 통틀어 새롭게 깨닫고 배운 것이 무엇인지를 정리 해 봅시다.

과	본문	주제	가르침
2	사무엘상 1장 9-20절		
3	사무엘상 8장 4-22절		
4	사무엘상 12장 6-25절		
5	사무엘상 15장 10-23절		
6	사무엘상 16장 1-13절		
7	사무엘상 24장 1-22절		
8	사무엘하 5장 1-10절		
9	사무엘하 12장 1-15절 상반절		
10	사무엘하 19장 16-23절, 31-39절		
11	사무엘하 24장 10-25절		

12. 전체 정리와 평가

12.1. 마음 열기

☸ 12.1.1. 찬송가, "어두운 내 눈 밝히사"(2006년 판 새찬송가 366장, → '10.1.1.1. 악보')를 함께 부릅니다.

ꝺ 12.1.2. 묵상기도

하나님이 이번에 함께 한 성경공부를 통해 우리 각자와 전체에게 어떤 은혜를 베푸셨는지 돌이켜 보면서 1분 정도 조용히 기도합니다.

12.2. 돌아보기

⇔ 12.2.1. 지난주 공부에서 깨달은 바를 통해 나와 우리의 삶이 어떻게 얼마나 달라졌는지 잠시 옆 사람과 이야기 나누어 봅시다.

❖ 지난주 → '11.4.1. 개인별 과제' 에서 (2)(3)을 함께 풀어 봅시다.

12.2.2. 이번 학기 수업에서 익힌 성경 공부하는 방법의 좋은 점과 아쉬운 점은 무엇입니까?

12.2.3. 아래 도표의 빈 칸을 채우면서, 지금까지 함께 공부한 사무엘상·사무엘하의 10군데 본문을 통틀어 새롭게 깨닫고 배운 것이 무엇인지를 정리해 봅시다.

과	본문	주제	가르침
2	사무엘상 1장 9-20절		
3	사무엘상 8장 4-22절		
4	사무엘상 12장 6-25절		
5	사무엘상 15장 10-23절		
6	사무엘상 16장 1-13절		
7	사무엘상 24장 1-22절		
8	사무엘하 5장 1-10절		
9	사무엘하 12장 1-15절 상반절		
10	사무엘하 19장 16-23절, 31-39절		

11	사무엘하 24장 10-25절		

🔔 12.2.4. 조모임에서 앞 12.2.2.와 12.2.3.을 두고 나눈 이야기를 조모임 기록자가 각각 → '12.2.4.1. 서식' 과 → '12.2.4.2. 서식' 에 적어 두었다가 전체 앞에서 짤막하게 보고하고 함께 정리합니다.

12.3. 마무리

☸ 12.3.1. 인도자가 이번에 함께 공부한 사무엘상·사무엘하의 10군데 본문 가운데서 중심 되는 구절들을 찾아 하나씩 읽을 때마다 다함께 찬송 "이 말씀 따라 사는 동안"(류형선 글 · 가락, → '1.3.1. 악보')을 부릅니다.

☸ 12.3.2. 이번 학기에 함께 공부한 것을 통틀어 생각하면서 각자의 다짐을 한 문장의 짧은 기도문으로 → '12.3.2. 서식' 에 적어 넣습니다. 그런 다음에 오늘 조모임을 이끈 사람이 그 공동 기도문을 하나로 묶어 다 읽고 "예수님 이름으로 기도합니다. 아멘."이라고 하면, 다른 조의 사람들은 함께 기도찬송, "우리들의 소원을 들어 주옵소서. 아멘."(채일손 글 · 가락, → '1.3.2. 악보')을 부름으로써 응답합니다.

주님의 귀한 말씀은

(2006년 판 새찬송가 206장)

1.2.1.1. 악보

주님 우리의 마음을 여시어

(2006년 판 새찬송가 637장)

1.3.1. 악보

이 말씀 따라 사는 동안

(류형선 글·가락)

1.3.2. 악보

우리들의 소원을 들어주옵소서

(채일손 글·가락)

4.1.1.1. 악보

하나님 아버지 주신 책은

(2006년 판 새찬송가 202장)

나의 사랑하는 책

(2006년 판 새찬송가 199장)

10.1.1.1. 악보

어두운 내 눈 밝히사

(2006년 판 새찬송가 366장)

사무엘상 1장 9-20절

[해설자] 9 그들이 실로에서 먹고 마신 후에 한나가 일어나니 그 때에 제사장
엘리는 여호와의 전 문설주 곁 의자에 앉아 있었더라 10 한나가 마음
이 괴로워서 여호와께 기도하고 통곡하며 11 서원하여 이르되

[한 나] 만군의 여호와여 만일 주의 여종의 고통을 돌보시고 나를 기억하사 주의 여종을 잊지 아니하시고 주의 여종에게 아들을 주시면 내가 그의 평생에 그를 여호와께 드리고 삭도를 그의 머리에 대지 아니하겠나이다

[해설자] 12 그가 여호와 앞에 오래 기도하는 동안에 엘리가 그의 입을 주목한
즉 13 한나가 속으로 말하매 입술만 움직이고 음성은 들리지 아니하
므로 엘리는 그가 취한 줄로 생각한지라 14 엘리가 그에게 이르되

[엘 리] 네가 언제까지 취하여 있겠느냐 포도주를 끊으라

[해설자] 하니 15 한나가 대답하여 이르되

**[한 나] 내 주여 그렇지 아니하니이다 나는 마음이 슬픈 여자라 포도주나 독주를 마
신 것이 아니요 여호와 앞에 내 심정을 통한 것뿐이오니 16 당신의 여종을 악
한 여자로 여기지 마옵소서 내가 지금까지 말한 것은 나의 원통함과 격분됨
이 많기 때문이니이다**

[해설자] 하는지라 17 엘리가 대답하여 이르되

[엘 리] 평안히 가라 이스라엘의 하나님이 네가 기도하여 구한 것을 허락하시기를 원

하노라

[해설자] 하니 18 이르되

[한 나] 당신의 여종이 당신께 은혜 입기를 원하나이다

[해설자] 하고 가서 먹고 얼굴에 다시는 근심 빛이 없더라 19 그들이 아침에 일
찍이 일어나 여호와 앞에 경배하고 돌아가 라마의 자기 집에 이르니
라 엘가나가 그의 아내 한나와 동침하매 여호와께서 그를 생각하신
지라 20 한나가 임신하고 때가 이르매 아들을 낳아 사무엘이라 이름
하였으니 이는 내가 여호와께 그를 구하였다 함이더라

3.2.1. 나누어 읽을 본문

사무엘상 8장 4-22절

[해설자] 4 이스라엘 모든 장로가 모여 라마에 있는 사무엘에게 나아가서 5 그
에게 이르되

[장로들] 보소서 당신은 늙고 당신의 아들들은 당신의 행위를 따르지 아니하니 모든
나라와 같이 우리에게 왕을 세워 우리를 다스리게 하소서

[해설자] 한지라 6 우리에게 왕을 주어 우리를 다스리게 하라 했을 때에 사무
엘이 그것을 기뻐하지 아니하여 여호와께 기도하매 7 여호와께서 사
무엘에게 이르시되

[하나님] **백성이 네게 한 말을 다 들으라 이는 그들이 너를 버림이 아니요 나
를 버려 자기들의 왕이 되지 못하게 함이니라 8 내가 그들을 애굽에
서 인도하여 낸 날부터 오늘까지 그들이 모든 행사로 나를 버리고 다
른 신들을 섬김 같이 네게도 그리하는도다 9 그러므로 그들의 말을
듣되 너는 그들에게 엄히 경고하고 그들을 다스릴 왕의 제도를 가르
치라**

[해설자] 10 사무엘이 왕을 요구하는 백성에게 여호와의 모든 말씀을 말하여
11 이르되

[사무엘] **너희를 다스릴 왕의 제도는 이러하니라 그가 너희 아들들을 데려다가 그의
병거와 말을 어거하게 하리니 그들이 그 병거 앞에서 달릴 것이며 12 그가 또
너희의 아들들을 천부장과 오십부장을 삼을 것이며 자기 밭을 갈게 하고 자**

기 추수를 하게 할 것이며 자기 무기와 병거의 장비도 만들게 할 것이며 13 그
가 또 너희의 딸들을 데려다가 향료 만드는 자와 요리하는 자와 떡 굽는 자로
삼을 것이며 14 그가 또 너희의 밭과 포도원과 감람원에서 제일 좋은 것을 가
져다가 자기의 신하들에게 줄 것이며 15 그가 또 너희의 곡식과 포도원 소산
의 십일조를 거두어 자기의 관리와 신하에게 줄 것이며 16 그가 또 너희의 노
비와 가장 아름다운 소년과 나귀들을 끌어다가 자기 일을 시킬 것이며 17 너
희의 양 떼의 십분의 일을 거두어 가리니 너희가 그의 종이 될 것이라 18 그
날에 너희는 너희가 택한 왕으로 말미암아 부르짖되 그 날에 여호와께서 너
희에게 응답하지 아니하시리라

[해설자] 하니 19 백성이 사무엘의 말 듣기를 거절하여 이르되

[백성들] 아니로소이다 우리도 우리 왕이 있어야 하리니 20 우리도 다른 나라들 같이
되어 우리의 왕이 우리를 다스리며 우리 앞에 나가서 우리의 싸움을 싸워야
할 것이니이다

[해설자] 하는지라 21 사무엘이 백성의 말을 다 듣고 여호와께 아뢰매 22 여호
와께서 사무엘에게 이르시되

[하나님] 그들의 말을 들어 왕을 세우라

[해설자] 하시니 사무엘이 이스라엘 사람들에게 이르되

[사무엘] 너희는 각기 성읍으로 돌아가라

[해설자] 하니라

4.2.1. 나누어 읽을 본문

사무엘상 12장 6-25절

[해설자] 6 사무엘이 백성에게 이르되

[사무엘] **모세와 아론을 세우시며 너희 조상들을 애굽 땅에서 인도하여 내신
이는 여호와이시니 7 그런즉 가만히 서 있으라 여호와께서 너희와 너
희 조상들에게 행하신 모든 공의로운 일에 대하여 내가 여호와 앞에
서 너희와 담론하리라 8 야곱이 애굽에 들어간 후 너희 조상들이 여
호와께 부르짖으매 여호와께서 모세와 아론을 보내사 그 두 사람으
로 너희 조상들을 애굽에서 인도해 내어 이 곳에 살게 하셨으나 9 그
들이 그들의 하나님 여호와를 잊은지라 여호와께서 그들을 하솔 군
사령관 시스라의 손과 블레셋 사람들의 손과 모압 왕의 손에 넘기셨
더니 그들이 저희를 치매 10 백성이 여호와께 부르짖어 이르되**

[백 성] 우리가 여호와를 버리고 바알들과 아스다롯을 섬김으로 범죄하였나이다 그
러하오나 이제 우리를 원수들의 손에서 건져내소서 그리하시면 우리가 주를
섬기겠나이다

[사무엘] **하매 11 여호와께서 여룹바알과 베단과 입다와 나 사무엘을 보내사
너희를 너희 사방 원수의 손에서 건져내사 너희에게 안전하게 살게
하셨거늘 12 너희가 암몬 자손의 왕 나하스가 너희를 치러 옴을 보고
너희의 하나님 여호와께서는 너희의 왕이 되심에도 불구하고 너희가
내게 이르기를**

[백 성] 아니라 우리를 다스릴 왕이 있어야 하겠다

[사무엘] **하였도다 [13] 이제 너희가 구한 왕, 너희가 택한 왕을 보라 여호와께서 너희 위에 왕을 세우셨느니라 [14] 너희가 만일 여호와를 경외하여 그를 섬기며 그의 목소리를 듣고 여호와의 명령을 거역하지 아니하며 또 너희와 너희를 다스리는 왕이 너희의 하나님 여호와를 따르면 좋겠지마는 [15] 너희가 만일 여호와의 목소리를 듣지 아니하고 여호와의 명령을 거역하면 여호와의 손이 너희의 조상들을 치신 것 같이 너희를 치실 것이라 [16] 너희는 이제 가만히 서서 여호와께서 너희 목전에서 행하시는 이 큰 일을 보라 [17] 오늘은 밀 베는 때가 아니냐 내가 여호와께 아뢰리니 여호와께서 우레와 비를 보내사 너희가 왕을 구한 일 곧 여호와의 목전에서 범한 죄악이 큼을 너희에게 밝히 알게 하시리라**

[해설자] [18] 이에 사무엘이 여호와께 아뢰매 여호와께서 그 날에 우레와 비를 보내시니 모든 백성이 여호와와 사무엘을 크게 두려워하니라 [19] 모든 백성이 사무엘에게 이르되

[백 성] 당신의 종들을 위하여 당신의 하나님 여호와께 기도하여 우리가 죽지 않게 하소서 우리가 우리의 모든 죄에 왕을 구하는 악을 더하였나이다

[해설자] [20] 사무엘이 백성에게 이르되

[사무엘] **두려워하지 말라 너희가 과연 이 모든 악을 행하였으나 여호와를 따르는 데에서 돌아서지 말고 오직 너희의 마음을 다하여 여호와를 섬기라 [21] 돌아서서 유익하게도 못하며 구원하지도 못하는 헛된 것을 따르지 말라 그들은 헛되니라 [22] 여호와께서는 너희를 자기 백성으로 삼으신 것을 기뻐하셨으므로 여호와께서는 그의 크신 이름을 위해서라도 자기 백성을 버리지 아니하실 것이요 [23] 나는 너희를 위하여 기도하기를 쉬는 죄를 여호와 앞에 결단코 범하지 아니하고 선하고 의**

로운 길을 너희에게 가르칠 것인즉 24 너희는 여호와께서 너희를 위
하여 행하신 그 큰 일을 생각하여 오직 그를 경외하며 너희의 마음을
다하여 진실히 섬기라 25 만일 너희가 여전히 악을 행하면 너희와 너
희 왕이 다 멸망하리라

5.2.1. 나누어 읽을 본문

사무엘상 15장 10-23절

[해설자] 10 여호와의 말씀이 사무엘에게 임하니라 이르시되

[하나님] 11 내가 사울을 왕으로 세운 것을 후회하노니 그가 돌이켜서 나를 따
르지 아니하며 내 명령을 행하지 아니하였음이니라

[해설자] 하신지라 사무엘이 근심하여 온 밤을 여호와께 부르짖으니라 12 사무
엘이 사울을 만나려고 아침에 일찍이 일어났더니 어떤 사람이 사무
엘에게 말하여 이르되

[어떤 사람] 사울이 갈멜에 이르러 자기를 위하여 기념비를 세우고 발길을 돌려
길갈로 내려갔다

[해설자] 하는지라 13 사무엘이 사울에게 이른즉 사울이 그에게 이르되

[사 울] 원하건대 당신은 여호와께 복을 받으소서 내가 여호와의 명령을 행하였나이
다

[해설자] 하니 14 사무엘이 이르되

[사무엘] 그러면 내 귀에 들려오는 이 양의 소리와 내게 들리는 소의 소리는 어찌 됨이
니이까

[해설자] 하니라 15 사울이 이르되

[사 울] 그것은 무리가 아말렉 사람에게서 끌어 온 것인데 백성이 당신의 하나님 여
호와께 제사하려 하여 양들과 소들 중에서 가장 좋은 것을 남김이요 그 외의
것은 우리가 진멸하였나이다

[해설자] 하는지라 16 사무엘이 사울에게 이르되

[사무엘] **가만히 계시옵소서 간 밤에 여호와께서 내게 이르신 것을 왕에게 말하리이다**

[해설자] 하니 그가 이르되

[사 울] 말씀하소서

[해설자] 17 사무엘이 이르되

[사무엘] **왕이 스스로 작게 여길 그 때에 이스라엘 지파의 머리가 되지 아니하셨나이까 여호와께서 왕에게 기름을 부어 이스라엘 왕을 삼으시고 18 또 여호와께서 왕을 길로 보내시며 이르시기를 가서 죄인 아말렉 사람을 진멸하되 다 없어지기까지 치라 하셨거늘 19 어찌하여 왕이 여호와의 목소리를 청종하지 아니하고 탈취하기에만 급하여 여호와께서 악하게 여기시는 일을 행하였나이까**

[해설자] 20 사울이 사무엘에게 이르되

[사 울] 나는 실로 여호와의 목소리를 청종하여 여호와께서 보내신길로 가서 아말렉 왕 아각을 끌어 왔고 아말렉 사람들을 진멸하였으나 21 다만 백성이 그 마땅히 멸할 것 중에서 가장 좋은 것으로 길갈에서 당신의 하나님 여호와께 제사하려고 양과 소를 끌어 왔나이다

[해설자] 하는지라 22 사무엘이 이르되

[사무엘] **여호와께서 번제와 다른 제사를 그의 목소리를 청종하는 것을 좋아하심 같이 좋아하시겠나이까 순종이 제사보다 낫고 듣는 것이 숫양의 기름보다 나으니 23 이는 거역하는 것은 점치는 죄와 같고 완고한 것은 사신 우상에게 절하는 죄와 같음이라 왕이 여호와의 말씀을 버렸으므로 여호와께서도 왕을 버려 왕이 되지 못하게 하셨나이다**

[해설자] 하니

6.2.1. 나누어 읽을 본문

사무엘상 16장 1-13절

[해설자] 1 여호와께서 사무엘에게 이르시되

[하나님] 내가 이미 사울을 버려 이스라엘 왕이 되지 못하게 하였거늘 네가 그
를 위하여 언제까지 슬퍼하겠느냐 너는 뿔에 기름을 채워 가지고 가
라 내가 너를 베들레헴 사람 이새에게로 보내리니 이는 내가 그의 아
들 중에서 한 왕을 보았느니라

[해설자] 하시는지라 2 사무엘이 이르되

[사무엘] 내가 어찌 갈 수 있으리이까 사울이 들으면 나를 죽이리이다

[해설자] 하니 여호와께서 이르시되

[하나님] 너는 암송아지를 끌고 가서 말하기를 내가 여호와께 제사를 드리러
왔다 하고 3 이새를 제사에 청하라 내가 네게 행할 일을 가르치리니
내가 네게 알게 하는 자에게 나를 위하여 기름을 부을지니라

[해설자] 4 사무엘이 여호와의 말씀대로 행하여 베들레헴에 이르매 성읍 장로
들이 떨며 그를 영접하여 이르되

[장로들] 평강을 위하여 오시나이까

[해설자] 5 이르되

[사무엘] 평강을 위함이니라 내가 여호와께 제사하러 왔으니 스스로 성결하게 하고
와서 나와 함께 제사하자

[해설자] 하고 이새와 그의 아들들을 성결하게 하고 제사에 청하니라 6 그들이

오매 사무엘이 엘리압을 보고 마음에 이르기를

[사무엘] **여호와의 기름 부으실 자가 과연 주님 앞에 있도다**

[해설자] 하였더니 7 여호와께서 사무엘에게 이르시되

[하나님] **그의 용모와 키를 보지 말라 내가 이미 그를 버렸노라 내가 보는 것은 사람과 같지 아니하니 사람은 외모를 보거니와 나 여호와는 중심을 보느니라**

[해설자] 하시더라 8 이새가 아비나답을 불러 사무엘 앞을 지나가게 하매 사무엘이 이르되

[사무엘] **이도 여호와께서 택하지 아니하셨느니라**

[해설자] 하니 9 이새가 삼마로 지나게 하매 사무엘이 이르되

[사무엘] **이도 여호와께서 택하지 아니하셨느니라**

[해설자] 하니라 10 이새가 그의 아들 일곱을 다 사무엘 앞으로 지나가게 하나 사무엘이 이새에게 이르되

[사무엘] **여호와께서 이들을 택하지 아니하셨느니라**

[해설자] 하고 11 또 사무엘이 이새에게 이르되

[사무엘] **네 아들들이 다 여기 있느냐**

[해설자] 이새가 이르되

[이 새] 아직 막내가 남았는데 그는 양을 지키나이다

[해설자] 사무엘이 이새에게 이르되

[사무엘] **사람을 보내어 그를 데려오라 그가 여기 오기까지는 우리가 식사 자리에 앉지 아니하겠노라**

[해설자] 12 이에 사람을 보내어 그를 데려오매 그의 빛이 붉고 눈이 빼어나고 얼굴이 아름답더라 여호와께서 이르시되

[하나님] **이가 그니 일어나 기름을 부으라**

[해설자] 하시는지라 13 사무엘이 기름 뿔병을 가져다가 그의 형제 중에서 그

에게 부었더니 이 날 이후로 다윗이 여호와의 영에게 크게 감동되니라 사무엘이 떠나서 라마로 가니라

사무엘상 24장 1-22절

[해설자] 1 사울이 블레셋 사람을 쫓다가 돌아오매 어떤 사람이 그에게 말하여
이르되

[어떤 사람] 보소서 다윗이 엔게디 광야에 있더이다

[해설자] 하니 2 사울이 온 이스라엘에서 택한 사람 삼천 명을 거느리고 다윗
과 그의 사람들을 찾으러 들염소 바위로 갈새 3 길 가 양의 우리에 이
른즉 굴이 있는지라 사울이 뒤를 보러 들어가니라 다윗과 그의 사람
들이 그 굴 깊은 곳에 있더니 4 다윗의 사람들이 이르되

[다윗의 사람들] 보소서 여호와께서 당신에게 이르시기를 내가 원수를 네 손에 넘기리니 네
생각에 좋은 대로 그에게 행하라 하시더니 이것이 그 날이니이다

[해설자] 하니 다윗이 일어나서 사울의 겉옷 자락을 가만히 베니라 5 그리 한
후에 사울의 옷자락 벰으로 말미암아 다윗의 마음이 찔려 6 자기 사
람들에게 이르되

**[다 윗] 내가 손을 들어 여호와의 기름 부음을 받은 내 주를 치는 것은 여호와께서 금
하시는 것이니 그는 여호와의 기름 부음을 받은 자가 됨이니라**

[해설자] 하고 7 다윗이 이 말로 자기 사람들을 금하여 사울을 해하지 못하게
하니라 사울이 일어나 굴에서 나가 자기 길을 가니라 8 그 후에 다윗
도 일어나 굴에서 나가 사울의 뒤에서 외쳐 이르되

[다 윗] 내 주 왕이여

[해설자] 하매 사울이 돌아보는지라 다윗이 땅에 엎드려 절하고 [9] 다윗이 사울에게 이르되

[다 윗] 보소서 다윗이 왕을 해하려 한다고 하는 사람들의 말을 왕은 어찌하여 들으시나이까 [10] 오늘 여호와께서 굴에서 왕을 내 손에 넘기신 것을 왕이 아셨을 것이니이다 어떤 사람이 나를 권하여 왕을 죽이라 하였으나 내가 왕을 아껴 말하기를 나는 내 손을 들어 내 주를 해하지 아니하리니 그는 여호와의 기름 부음을 받은 자이기 때문이라 하였나이다 [11] 내 아버지여 보소서 내 손에 있는 왕의 옷자락을 보소서 내가 왕을 죽이지 아니하고 겉옷 자락만 베었은즉 내 손에 악이나 죄과가 없는 줄을 오늘 아실지니이다 왕은 내 생명을 찾아 해하려 하시나 나는 왕에게 범죄한 일이 없나이다 [12] 여호와께서는 나와 왕 사이를 판단하사 여호와께서 나를 위하여 왕에게 보복하시려니와 내 손으로는 왕을 해하지 않겠나이다 [13] 옛 속담에 말하기를 악은 악인에게서 난다 하였으니 내 손이 왕을 해하지 아니하리이다 [14] 이스라엘 왕이 누구를 따라 나왔으며 누구의 뒤를 쫓나이까 죽은 개나 벼룩을 쫓음이니이다 [15] 그런즉 여호와께서 재판장이 되어 나와 왕 사이에 심판하사 나의 사정을 살펴 억울함을 풀어 주시고 나를 왕의 손에서 건지시기를 원하나이다

[해설자] 하니라 [16] 다윗이 사울에게 이같이 말하기를 마치매 사울이 이르되

[사 울] 내 아들 다윗아 이것이 네 목소리냐

[해설자] 하고 소리를 높여 울며 [17] 다윗에게 이르되

[사 울] 나는 너를 학대하되 너는 나를 선대하니 너는 나보다 의롭도다 [18] 네가 나 선대한 것을 오늘 나타냈나니 여호와께서 나를 네 손에 넘기셨으나 네가 나를 죽이지 아니하였도다 [19] 사람이 그의 원수를 만나면 그를 평안히 가게 하겠느냐 네가 오늘 내게 행한 일로 말미암아 여호와께서 네게 선으로 갚으시기

를 원하노라 20 보라 나는 네가 반드시 왕이 될 것을 알고 이스라엘 나라가
네 손에 견고히 설 것을 아노니 21 그런즉 너는 내 후손을 끊지 아니하며 내
아버지의 집에서 내 이름을 멸하지 아니할 것을 이제 여호와의 이름으로 내
게 맹세하라

[해설자] 하니라 22 다윗이 사울에게 맹세하매 사울은 집으로 돌아가고 다윗과
그의 사람들은 요새로 올라가니라

8.2.1. 나누어 읽을 본문

사무엘하 5장 1-10절

[해설자] 1 이스라엘 모든 지파가 헤브론에 이르러 다윗에게 나아와 이르되

[이스라엘 모든 지파] 보소서 우리는 왕의 한 골육이니이다 2 전에 곧 사울이 우리의 왕이 되었을 때에도 이스라엘을 거느려 출입하게 하신 분은 왕이시었고 여호와께서도 왕에게 말씀하시기를 네가 내 백성 이스라엘의 목자가 되며 네가 이스라엘의 주권자가 되리라 하셨나이다

[해설자] 하니라 3 이에 이스라엘 모든 장로가 헤브론에 이르러 왕에게 나아오매 다윗 왕이 헤브론에서 여호와 앞에 그들과 언약을 맺으매 그들이 다윗에게 기름을 부어 이스라엘 왕으로 삼으니라 4 다윗이 나이가 삼십 세에 왕위에 올라 사십 년 동안 다스렸으되 5 헤브론에서 칠 년 육 개월 동안 유다를 다스렸고 예루살렘에서 삼십삼 년 동안 온 이스라엘과 유다를 다스렸더라 6 왕과 그의 부하들이 예루살렘으로 가서 그 땅 주민 여부스 사람을 치려 하매 그 사람들이 다윗에게 이르되

[여부스 사람] 네가 결코 이리로 들어오지 못하리라 맹인과 다리 저는 자라도 너를 물리치리라

[해설자] 하니 그들 생각에는 다윗이 이리로 들어오지 못하리라 함이나 7 다윗이 시온 산성을 빼앗았으니 이는 다윗 성이더라 8 그 날에 다윗이 이르기를

[다 윗] 누구든지 여부스 사람을 치거든 물 긷는 데로 올라가서 다윗의 마음

에 미워하는 다리 저는 사람과 맹인을 치라

[해설자] 하였으므로 속담이 되어 이르기를 맹인과 다리 저는 사람은 집에 들
어오지 못하리라 하더라 9 다윗이 그 산성에 살면서 다윗 성이라 이
름하고 다윗이 밀로에서부터 안으로 성을 둘러 쌓으니라 10 만군의
하나님 여호와께서 함께 계시니 다윗이 점점 강성하여 가니라

9.2.1. 나누어 읽을 본문

사무엘하 12장 1-15절 상반절

[해설자] 1 여호와께서 나단을 다윗에게 보내시니 그가 다윗에게 가서 그에게
이르되

[나 단] 한 성읍에 두 사람이 있는데 한 사람은 부하고 한 사람은 가난하니 2 그 부한
사람은 양과 소가 심히 많으나 3 가난한 사람은 아무것도 없고 자기가 사서
기르는 작은 암양 새끼 한 마리뿐이라 그 암양 새끼는 그와 그의 자식과 함께
자라며 그가 먹는 것을 먹으며 그의 잔으로 마시며 그의 품에 누우므로 그에
게는 딸처럼 되었거늘 4 어떤 행인이 그 부자에게 오매 부자가 자기에게 온
행인을 위하여 자기의 양과 소를 아껴 잡지 아니하고 가난한 사람의 양 새끼
를 빼앗아다가 자기에게 온 사람을 위하여 잡았나이다

[해설자] 하니 5 다윗이 그 사람으로 말미암아 노하여 나단에게 이르되

[다 윗] 여호와의 살아 계심을 두고 맹세하노니 이 일을 행한 그 사람은 마땅히 죽을
자라 6 그가 불쌍히 여기지 아니하고 이런 일을 행하였으니 그 양 새끼를 네
배나 갚아 주어야 하리라

[해설자] 한지라 7 나단이 다윗에게 이르되

[나 단] 당신이 그 사람이라 이스라엘의 하나님 여호와께서 이와 같이 이르시기를

[하나님] 내가 너를 이스라엘 왕으로 기름 붓기 위하여 너를 사울의 손에서 구
원하고 8 네 주인의 집을 네게 주고 네 주인의 아내들을 네 품에 두고
이스라엘과 유다 족속을 네게 맡겼느니라 만일 그것이 부족하였을

것 같으면 내가 네게 이것 저것을 더 주었으리라 9 그러한데 어찌하
여 네가 여호와의 말씀을 업신여기고 나 보기에 악을 행하였느냐 네
가 칼로 헷 사람 우리아를 치되 암몬 자손의 칼로 죽이고 그의 아내
를 빼앗아 네 아내로 삼았도다 10 이제 네가 나를 업신여기고 헷 사람
우리아의 아내를 빼앗아 네 아내로 삼았은즉 칼이 네 집에서 영원토
록 떠나지 아니하리라

[나 단] 하셨고 11 여호와께서 또 이와 같이 이르시기를

[하나님] 보라 내가 너와 네 집에 재앙을 일으키고 내가 네 눈앞에서 네 아내
를 빼앗아 네 이웃들에게 주리니 그 사람들이 네 아내들과 더불어 백
주에 동침하리라 12 너는 은밀히 행하였으나 나는 온 이스라엘 앞에
서 백주에 이 일을 행하리라

[나 단] 하셨나이다

[해설자] 하니 13 다윗이 나단에게 이르되

[다 윗] 내가 여호와께 죄를 범하였노라

[해설자] 하매 나단이 다윗에게 말하되

[나 단] 여호와께서도 당신의 죄를 사하셨나니 당신이 죽지 아니하려니와 14 이 일로
말미암아 여호와의 원수가 크게 비방할 거리를 얻게 하였으니 당신이 낳은
아이가 반드시 죽으리이다

[해설자] 하고 15 나단이 자기 집으로 돌아가니라

10.2.1. 나누어 읽을 본문

사무엘하 19장 16-23절, 31-39절

[해설자] [16] 바후림에 있는 베냐민 사람 게라의 아들 시므이가 급히 유다 사람
과 함께 다윗 왕을 맞으러 내려올 때에 [17] 베냐민 사람 천 명이 그와
함께 하고 사울 집안의 종 시바도 그의 아들 열다섯과 종 스무 명과
더불어 그와 함께 하여 요단 강을 밟고 건너 왕 앞으로 나아오니라
[18] 왕의 가족을 건너가게 하며 왕이 좋게 여기는 대로 쓰게 하려 하여
나룻배로 건너가니 왕이 요단을 건너가게 할 때에 게라의 아들 시므
이가 왕 앞에 엎드려 [19] 왕께 아뢰되

[시므이] 내 주여 원하건대 내게 죄를 돌리지 마옵소서 내 주 왕께서 예루살렘에서 나
오시던 날에 종의 패역한 일을 기억하지 마시오며 왕의 마음에 두지 마옵소
서 [20] 왕의 종 내가 범죄한 줄 아옵기에 오늘 요셉의 온 족속 중 내가 먼저 내
려와서 내 주 왕을 영접하나이다

[해설자] 하니 [21] 스루야의 아들 아비새가 대답하여 이르되

[아비새] 시므이가 여호와의 기름 부으신 자를 저주하였으니 그로 말미암아 죽어야 마
땅하지 아니하니이까

[해설자] 하니라 [22] 다윗이 이르되

**[다 윗] 스루야의 아들들아 내가 너희와 무슨 상관이 있기에 너희가 오늘 나
의 원수가 되느냐 오늘 어찌하여 이스라엘 가운데에서 사람을 죽이
겠느냐 내가 오늘 이스라엘의 왕이 된 것을 내가 알지 못하리요**

[해설자] 하고 [23] 왕이 시므이에게 이르되

[다 윗] 네가 죽지 아니하리라

[해설자] 하고 그에게 맹세하니라 [31] 길르앗 사람 바르실래가 왕이 요단을 건너가게 하려고 로글림에서 내려와 함께 요단에 이르니 [32] 바르실래는 매우 늙어 나이가 팔십 세라 그는 큰 부자이므로 왕이 마하나임에 머물 때에 그가 왕을 공궤하였더라 [33] 왕이 바르실래에게 이르되

[다 윗] 너는 나와 함께 건너가자 예루살렘에서 내가 너를 공궤하리라

[해설자] [34] 바르실래가 왕께 아뢰되

[바르실래] 내 생명의 날이 얼마나 있사옵겠기에 어찌 왕과 함께 예루살렘으로 올라가리이까 [35] 내 나이가 이제 팔십 세라 어떻게 좋고 흉한 것을 분간할 수 있사오며 음식의 맛을 알 수 있사오리이까 이 종이 어떻게 다시 노래하는 남자나 여인의 소리를 알아들을 수 있사오리이까 어찌하여 종이 내 주 왕께 아직도 누를 끼치리이까 [36] 당신의 종은 왕을 모시고 요단을 건너려는 것뿐이거늘 왕께서 어찌하여 이같은 상으로 내게 갚으려 하시나이까 [37] 청하건대 당신의 종을 돌려보내옵소서 내가 내 고향 부모의 묘 곁에서 죽으려 하나이다 그러나 왕의 종 김함이 여기 있사오니 청하건대 그가 내 주 왕과 함께 건너가게 하시옵고 왕의 처분대로 그에게 베푸소서

[해설자] 하니라 [38] 왕이 대답하되

[다 윗] 김함이 나와 함께 건너가리니 나는 네가 좋아하는 대로 그에게 베풀겠고 또 네가 내게 구하는 것은 다 너를 위하여 시행하리라

[해설자] 하니라 [39] 백성이 다 요단을 건너매 왕도 건너가서 왕이 바르실래에게 입을 맞추고 그에게 복을 비니 그가 자기 곳으로 돌아가니라

11.2.1. 나누어 읽을 본문

사무엘하 24장 10-25절

[해설자] 10 다윗이 백성을 조사한 후에 그의 마음에 자책하고 다윗이 여호와
께 아뢰되

**[다 윗] 내가 이 일을 행함으로 큰 죄를 범하였나이다 여호와여 이제 간구하옵나니
종의 죄를 사하여 주옵소서 내가 심히 미련하게 행하였나이다**

[해설자] 하니라 11 다윗이 아침에 일어날 때에 여호와의 말씀이 다윗의 선견자
된 선지자 갓에게 임하여 이르시되

**[하나님] 12 가서 다윗에게 말하기를 여호와께서 이와 같이 말씀하시기를 내가
네게 세 가지를 보이노니 너를 위하여 너는 그 중에서 하나를 택하라
내가 그것을 네게 행하리라 하셨다 하라**

[해설자] 하시니 13 갓이 다윗에게 이르러 아뢰어 이르되

[갓] 왕의 땅에 칠 년 기근이 있을 것이니이까 혹은 왕이 왕의 원수에게 쫓겨 석
달 동안 그들 앞에서 도망하실 것이니이까 혹은 왕의 땅에 사흘 동안 전염병
이 있을 것이니이까 왕은 생각하여 보고 나를 보내신 이에게 무엇을 대답하
게 하소서

[해설자] 하는지라 14 다윗이 갓에게 이르되

**[다 윗] 내가 고통 중에 있도다 청하건대 여호와께서는 긍휼이 크시니 우리가 여호
와의 손에 빠지고 내가 사람의 손에 빠지지 아니하기를 원하노라**

[해설자] 하는지라 15 이에 여호와께서 그 아침부터 정하신 때까지 전염병을 이

스라엘에게 내리시니 단에서부터 브엘세바까지 백성의 죽은 자가 칠
만 명이라 16 천사가 예루살렘을 향하여 그의 손을 들어 멸하려 하더
니 여호와께서 이 재앙 내리심을 뉘우치사 백성을 멸하는 천사에게
이르시되

[하나님] **족하다 이제는 네 손을 거두라**

[해설자] 하시니 여호와의 사자가 여부스 사람 아라우나의 타작 마당 곁에 있
는지라 17 다윗이 백성을 치는 천사를 보고 곧 여호와께 아뢰어 이르
되

[다 윗] **나는 범죄하였고 악을 행하였거니와 이 양 무리는 무엇을 행하였나이까 청
하건대 주의 손으로 나와 내 아버지의 집을 치소서**

[해설자] 하니라 18 이 날에 갓이 다윗에게 이르러 그에게 아뢰되

[갓] 올라가서 여부스 사람 아라우나의 타작 마당에서 여호와를 위하여 제단을 쌓
으소서

[해설자] 하매 19 다윗이 여호와께서 명령하신 바 갓의 말대로 올라가니라
20 아라우나가 바라보다가 왕과 그의 부하들이 자기를 향하여 건너옴
을 보고 나가서 왕 앞에서 얼굴을 땅에 대고 절하며 21 이르되

[아라우나] 어찌하여 내 주 왕께서 종에게 임하시나이까

[해설자] 하니 다윗이 이르되

[다 윗] **네게서 타작 마당을 사서 여호와께 제단을 쌓아 백성에게 내리는 재앙을 그
치게 하려 함이라**

[해설자] 하는지라 22 아라우나가 다윗에게 아뢰되

[아라우나] 원하건대 내 주 왕은 좋게 여기시는 대로 취하여 드리소서 번제에 대하여는
소가 있고 땔 나무에 대하여는 마당질 하는 도구와 소의 멍에가 있나이다
23 왕이여 아라우나가 이것을 다 왕께 드리나이다

[해설자] 하고 또 왕께 아뢰되

[아라우나] 왕의 하나님 여호와께서 왕을 기쁘게 받으시기를 원하나이다

[해설자] 24 왕이 아라우나에게 이르되

[다 윗] 그렇지 아니하다 내가 값을 주고 네게서 사리라 값 없이는 내 하나님 여호와께 번제를 드리지 아니하리라

[해설자] 하고 다윗이 은 오십 세겔로 타작 마당과 소를 사고 25 그 곳에서 여호와를 위하여 제단을 쌓고 번제와 화목제를 드렸더니 이에 여호와께서 그 땅을 위한 기도를 들으시매 이스라엘에게 내리는 재앙이 그쳤더라

과목 소개

(1) 구약성경공부 과목 개설 과정과 목적

장로회신학대학교 신학대학원 교육과정개발위원회에서는 신학대학원을 졸업한 사람들이 교역 현장에서 성경공부를 잘 이끌 수 있도록 훈련하기 위해 2008학년도부터 학기마다 신약학 분야와 구약학 분야에 각각 한 과목씩 성경공부 과목을 개설하기로 했습니다.

구약학의 경우에는 아래 도표와 같이 여섯 학기 3년을 한 주기로 하여, 구약성경 39권을 다 다루려면 12년이 걸리도록 계획했습니다.

구분	해당부분	주기별 배정			
		제1주기	제2주기	제3주기	제4주기
구약성경공부 1	율법서	창세기	출애굽기	레위기·민수기	신명기
구약성경공부 2	전기예언서	여호수아·사사기	사무엘상·하	열왕기상	열왕기하
구약성경공부 3	예언서 1	이사야	예레미야	에스겔	다니엘
구약성경공부 4	성문서 1	시편	욥기	잠언	전도서·아가
구약성경공부 5	예언서 2	호세아 요엘 아모스	오바댜 요나 미가	나훔 하박국 스바냐	학개 스가랴 말라기

구약성경공부 6	성문서 2	역대상	역대하	에스라 느헤미야	룻기 에스더 예레미야애가

(2) 구약성경공부 교재개발단의 구성과 운영

첫 12년 동안에는 구약학전임교수 한 사람과 현장목회자로서 이 일을 위해 특별히 초빙된 객원교수 한 사람 이상을 포함한 세 사람으로 이루어진 구약성경공부 교재개발단이 1년에 걸쳐 한 주기의 한 공부교재를 개발하는데, 전반기에 마련한 초안으로써 후반기에 실험수업을 하면서 그 초안을 수정보완하기로 했습니다.

한두 사람이 너무 오래 교재 개발에 매달리지 않도록 1년을 주기로 개발위원을 바꾸어 운영합니다. 이를테면 2007년 3월부터 시작한 첫 개발단(제1기 개발단)은 2008년 1학기에 쓸 교재의 초고를 2007년 1학기에 만들어 2학기에 그 초고를 다듬기만 하고, 2008년 2학기에 쓸 교재의 초고는 다른 개발단(제2기개발단)이 2007년 2학기에 만들어 2008년 1학기에 그 초고를 다듬습니다. 이런 식으로 학기마다 두 개발단이 동시에 연구하는 방식으로 할 수 있습니다.

제1-8기 개발단의 과제와 개발일정을 표로 그려 보면 다음과 같습니다. 다만 교재개발의 통일성과 연속성을 고려하여 전기 개발단의 구약학 전임교수와 목회자 가운데서 초빙한 객원교수 한 사람은 바로 그 다음 개발단의 자문위원이 됩니다.

	과제	초고 작성	수정보완
제1기 개발단	2008년 1학기 교재개발	2007년 1학기	2007년 2학기
제2기 개발단	2008년 2학기 교재개발	2007년 2학기	2008년 1학기
제3기 개발단	2009년 1학기 교재개발	2008년 1학기	2008년 2학기
제4기 개발단	2009년 2학기 교재개발	2008년 2학기	2009년 1학기
제5기 개발단	2010년 1학기 교재개발	2009년 1학기	2009년 2학기
제6기 개발단	2010년 2학기 교재개발	2009년 2학기	2010년 1학기
제7기 개발단	2011년 1학기 교재개발	2010년 1학기	2010년 2학기
제8기 개발단	2011년 2학기 교재개발	2010년 2학기	2011년 1학기

(3) 성경공부 원칙

이번 성경공부에서는 다음 **일곱 가지의 원칙**을 중시합니다.

첫째는 **본문 우선**의 원칙입니다. 교재는 본문이 스스로 말하게 하는 수단일 뿐, 교재가 본문을 가리지 말아야 합니다. 성경공부에서는 무엇보다도 하나님이 본문을 통해 하시는 말씀에 인도자도 학습자들도 함께 귀를 기울입니다.

둘째는 **학습자 중심**의 원칙입니다. 이 성경공부에서는 인도자가 일방적으로 본문 내용을 해설하기보다는 학습자들이 저마다 스스로 본문과 씨름하면서 본문을 이해하는 데 힘씁니다. 성경공부는 그 전 과정을 통해서 먼저 학습자들이 어떤 문제를 두고 스스로 본문을 살펴보고 서로 이야기를 나눈 뒤에 인도자가 그 이야기를 정리하고 마무리하면서 그 부분에 해당하는 교재를 나누어 주고 그 내용을 간략하게 설명해 주는 식으로 진행함을 원칙으로 삼습니다. 공부의 과정에서 인도자가 제시하는 여러 과제를 해 나가면서 학습자들이 자연스럽게 본문을 여러 번 읽고 생각하게 합니다.

셋째는 **전인성**의 원칙입니다. 이 성경공부에서는 학습자들이 성경본문을 그저 머리로만 이해하지 않고 그 존재 전체가 달라지는 것을 겨냥합니다.

넷째는 **공동체성**의 원칙입니다. 본문은 신앙 공동체의 증언인 만큼 신앙 공동체에 속한 이 성경공부에서는 모든 학습자들이 함께 힘을 모아 본문을 이해하게 하고 성경공부가 개인뿐만 아니라 신앙 공동체의 발전에도 이바지할 수 있게 하려고 합니다.

다섯째는 **다양성**의 원칙입니다. 이 성경공부에서는 성경 본문의 다양한 유형에 맞추어 다양한 방법을 적용합니다.

여섯째는 **연구방법 습득**의 원칙입니다. 성경공부의 전 과정을 통하여 학습자들이 스스로 성경을 공부할 수 있을 뿐만 아니라 성경공부를 인도할 수 있다는 자신감을 얻게 하고 그 방법을 익힐 수 있게 합니다.

일곱째는 **대중성**의 원칙입니다. 이 성경공부에서는 보통 수준의 신학대학원 학생들이라면 누구나 큰 어려움이 없이 함께 할 수 있는 수준으로 공부하려고 합니다.

(4) 성경공부 지침

이런 원칙에 따라 실제로는 다음 **일곱 가지 지침**을 따라 성경을 공부합니다.

첫째, 이 성경공부는 한글 번역본에 나타난 **최종본문**에서 출발합니다. 본문이 어떻게 생겨났는가 하는 문제는 본문 이해에 꼭 필요할 경우에만 간략하고도 쉽게 다룹니다.

둘째, 이 성경공부의 기초 본문은 **개역개정판**입니다.

셋째, 이 성경공부에 참여하는 **사람의 수는 30명**으로 제한합니다. 이 30명도 필요에 따라서는 5-6명씩 여러 조(組)로 나눌 수 있습니다.

넷째, 한 성경공부는 **12주**에 걸쳐 합니다. 첫 주에는 전체 공부를 안내하고, 마지막 주에는 전체를 정리하고 평가합니다.

다섯째, 성경공부 **교재의 틀**은 본문의 문학적이거나 신학적인 성격에 따라 조금씩 달라질 수 있습니다.

여섯째, 성경공부에서는 **인도자와 학습자들의 창의성**을 활용할 여지를 남겨 둡니다. 교재의 절대성을 주장하지 않습니다.

일곱째, 본문의 가르침이 지성과 감성과 의지뿐만 아니라 관계성 형성 등을 포함하여 학습자의 삶 전체에 영향을 끼치도록 시대의 흐름에 맞게 **다양한 자료**를 알맞게 활용합니다.

(5) 매주 공부와 교재의 틀

매주 진행되는 수업과 그 때 쓰는 교재의 틀은 다음과 같습니다.

매주 수업은 '말씀을 향하여' (30분), '말씀 속으로' (60분), '말씀과 함께' (45분)의 세 부분으로 나누어 진행하고, 교재도 이 틀에 맞추었습니다.

첫 부분인 **'말씀을 향하여'** 는 다시 ① 마음 열기(찬양과 기도), ② 돌아보기(지난 수업에서 다룬 본문의 가르침을 한 주간 동안 묵상하고 실천하는 과정에서 느끼는 문제점이나 경험, 또는 지난 수업에서 다룬 본문과 다음 수업에서 다룰 본문 사이에 들어 있는 본문의 줄거리 중심으로 이야기 나누기), ③ 생각하기(이번 시간에 공부할 본문을 여러 번 읽고 새롭게 느낀 점이나 발견한 점을 A4 1쪽 이내의 분량으로 인터넷 클럽에 올리는 과제나 오늘 본문과 관련하여 서론적인 이야기 나누기)로 나누어 진행합니다.

둘째 부분인 **'말씀 속으로'** 는 다시 ① 말씀 읽기(소리 내어 읽기, 나누어 읽기 등 여러 가지 방식으로), ② 말씀 듣기(본문의 흐름, 줄거리, 중심 낱말이나 개념 이해하기), ③ 말씀 깨닫기(본문의 뜻 이해)로 나누어 진행합니다. 정해진 짧은 시간 안에 본문을 효율적으로 공부하기 위해서 앞서 첫째 부분의 ③ 생각하기와 둘째 부분의 ② 말씀 듣기를 거쳐 ③ 말씀 깨닫기에 이르면서 본문에 들어 있는 여러 가지 귀한 뜻 가운데서 함께 공부할 가르침의 범위를 점점 좁혀 마침내 한두 가지로 초점을 모읍니다.

셋째 부분인 **'말씀과 함께'** 는 다시 ① 말씀 전하기(짧은 설교, 기도, 연극, 여러 미디어 자료 만들어 보기), ② 말씀대로 살기(실천 방안 이야기하기), ③ 다짐하기(찬송과 기도)로 나누어 진행합니다.

이처럼 크게는 세 부분, 작게는 아홉 부분으로 이루어진 성경공부와 성경공부 교재의 틀의 특징 가운데 다음 두 가지는 다시 한 번 강조하고 싶습니다.

한 가지는 이 성경공부에서는 무엇보다도 공부할 성경 본문을 소리 내어 정성스레 읽고 듣는 것을 중요하게 여긴다는 점입니다(느 8:3, 8; 시 1:2; 렘 36:6, 10, 13, 15, 21; 계 1:3 등 참고).

다른 한 가지는 셋째 부분의 말씀 전하기에서는 다양한 시도를 한다는 점입니다. 함께 공부한 말씀의 내용과 가르침을 노래, 관련 인물 인터뷰, 광고물, 연극, 만화(코믹스), 신문 기사, 라디오 방송 보도자료, 텔레비전 보도자료 등 다양한 방법으로 표현하는 과제를 제시합니다.

시간마다 **다음 주 수업을 위한 과제**로는 ① 이번 수업에서 다룬 본문의 가르침을 한 주간 동안 묵상하고 실천하는 과정에서 느끼는 문제점이나 경험, ② 이번 수업에서 다룬 본문과 다음 수업에서 다룰 본문 사이에 들어 있는 본문의 줄거리, ③ 다음 시간에 공부할 본문을 여러 번 읽고 새롭게 느낀 점이나 발견한 점을 A4 1쪽 이내의 분량으로 ……까지 인터넷 클럽 ……과제 자료실에 올리는 과제를 줄 수 있습니다.

사무엘상·사무엘하 교재는 하경택 교수, 고원석 교수, 이하준 교수 세 사람이 함께 집필했습니다. 그렇지만 세 사람이 준비한 것은 하나의 보조 자료일 따름입니다. **이 교재는 실제로 성경공부에 참여 하는 사람들이 함께 만들어 가는 교재입니다. 그런 만큼 참여자들 쪽에서 좋은 제안이 많이 나올 수 있기를 기대합니다.**

조모임 보고서 1

조 이 름		과	1과
인 도 자 이 름		본문	과목 소개, 사무엘상·사무엘하 통틀어 보기
기 록 자 이 름		날짜	
다른 참석자 이름			

나눈 이야기의 내용

1.2.3.2. 서식

조모임 보고서 2

조　이　름		과	1과
인 도 자　이 름		본문	과목 소개, 사무엘상·사무엘하 통틀어 보기
기 록 자 이 름		날짜	
다른 참석자 이름			

나눈 이야기의 내용

절취선

첫 날 공부 마무리 기도문

조 이 름		날짜	
성 경 본 문			
기도한 사람들 이름			
기 도 문			

절취선

조모임 보고서 1

조 이 름		과	2과
인 도 자 이 름		본문	사무엘상 1장 9-20절
기 록 자 이 름		날짜	
다른 참석자 이름			

나눈 이야기의 내용

2.3.2.3. 서식

조모임 보고서 2

조 이름		과	2과
인도자 이름		본문	사무엘상 1장 9-20절
기록자 이름		날짜	
다른 참석자 이름			

나눈 이야기의 내용

절취선

둘째 날 공부 마무리 기도문

조 이 름		날짜	
성 경 본 문	사무엘상 1장 9-20절		
기도한 사람들 이름			
기 도 문			

절취선

서식

조모임 보고서 1

조 이 름		과	3과
인 도 자 이 름		본문	사무엘상 8장 4-22절
기 록 자 이 름		날짜	
다른 참석자 이름			

나눈 이야기의 내용

3.3.1.1. 서식

자기주장을 더 내세우는 사람들에게 경고하는 편지

작성자 이름		조	

절취선

조모임 보고서 2

조 이 름		과	3과
인 도 자 이 름		본문	사무엘상 8장 4-22절
기 록 자 이 름		날짜	
다른 참석자 이름			

나눈 이야기의 내용

서식

절취선

3.3.3.2. 서식

셋째 날 공부 마무리 기도문

조 이 름		날짜	
성 경 본 문	사무엘상 8장 4-22절		
기도한 사람들 이름			
기 도 문			

절취선

조모임 보고서 1

조 이 름		과	4과
인 도 자 이 름		본문	사무엘상 12장 6-25절
기 록 자 이 름		날짜	
다른 참석자 이름			

나눈 이야기의 내용

절취선

서식

4.3.1.2. 서식

조모임 보고서 2

조 이 름		과	4과
인 도 자 이 름		본문	사무엘상 12장 6-25절
기 록 자 이 름		날짜	
다른 참석자 이름			

나눈 이야기의 내용

절취선

조모임 보고서 3

조 이 름		과	4과
인 도 자 이 름		본문	사무엘상 12장 6-25절
기 록 자 이 름		날짜	
다른 참석자 이름			

나눈 이야기의 내용

절취선

서식

4.3.3.2. 서식

넷째 날 공부 마무리 기도문

조 이 름		날짜	
성 경 본 문	사무엘상 12장 6-25절		
기도한 사람들 이름			
기 도 문			

절취선

조모임 보고서 1

조 이 름		과	5과
인 도 자 이 름		본문	사무엘상 15장 10-23절
기 록 자 이 름		날짜	
다른 참석자 이름			

나눈 이야기의 내용

절취선

서식

5.3.2.3. 서식

조모임 보고서 2

조 이 름		과	5과
인 도 자 이 름		본문	사무엘상 15장 10-23절
기 록 자 이 름		날짜	
다른 참석자 이름			

나눈 이야기의 내용

절취선

다섯째 날 공부 마무리 기도문

조 이 름		날짜	
성 경 본 문	사무엘상 15장 10-23절		
기도한 사람들 이름			
기 도 문			

절취선

서식

조모임 보고서 1

조 이 름		과	6과
인 도 자 이 름		본문	사무엘상 16장 1-13절
기 록 자 이 름		날짜	
다른 참석자 이름			

나눈 이야기의 내용

절취선

서식

6.3.2.3. 서식

조모임 보고서 2

조 이 름		과	6과
인 도 자 이 름		본문	사무엘상 16장 1-13절
기 록 자 이 름		날짜	
다른 참석자 이름			

나눈 이야기의 내용

절취선

여섯째 날 공부 마무리 기도문

조 이 름		날짜	
성 경 본 문	사무엘상 16장 1–13절		
기도한 사람들 이름			
기 도 문			

절취선

서식

조모임 보고서 1

조 이 름		과	7과
인 도 자 이 름		본문	사무엘상 24장 1-22절
기 록 자 이 름		날짜	
다른 참석자 이름			

나눈 이야기의 내용

절취선

서식

7.3.2.3. 서식

조모임 보고서 2

조 이 름		과	7과
인 도 자 이 름		본문	사무엘상 24장 1–22절
기 록 자 이 름		날짜	
다른 참석자 이름			

나눈 이야기의 내용

절취선

일곱째 날 공부 마무리 기도문

조 이 름		날짜	
성 경 본 문	사무엘상 24장 1-22절		
기도한 사람들 이름			
기 도 문			

절취선

서식

조모임 보고서 1

조 이 름		과	8과
인 도 자 이 름		본문	사무엘하 5장 1-10절
기 록 자 이 름		날짜	
다른 참석자 이름			

나눈 이야기의 내용

절취선

서식

8.3.2.3. 서식

조모임 보고서 2

조 이 름		과	8과
인 도 자 이 름		본문	사무엘하 5장 1-10절
기 록 자 이 름		날짜	
다른 참석자 이름			

나눈 이야기의 내용

절취선

여덟째 날 공부 마무리 기도문

조 이 름		날짜	
성 경 본 문	사무엘하 5장 1–10절		
기도한 사람들 이름			
기 도 문			

절취선

서식

절취선

조모임 보고서 1

조 이 름		과	9과
인 도 자 이 름		본문	사무엘하 12장 1-15절 상반절
기 록 자 이 름		날짜	
다른 참석자 이름			

나눈 이야기의 내용

서식

9.3.2.2. 서식

조모임 보고서 2

조 이 름		과	9과
인 도 자 이 름		본문	사무엘하 12장 1-15절 상반절
기 록 자 이 름		날짜	
다른 참석자 이름			

나눈 이야기의 내용

절취선

절취선

9.3.3.2. 서식

아홉째 날 공부 마무리 기도문

조 이 름		날짜	
성 경 본 문	사무엘하 12장 1-15절 상반절		
기도한 사람들 이름			
기 도 문			

서식

조모임 보고서 1

조 이 름		과	10과
인 도 자 이 름		본문	사무엘하 19장 16-23절, 31-39절
기 록 자 이 름		날짜	
다른 참석자 이름			

나눈 이야기의 내용

절취선

서식

10.3.2.3. 서식

조모임 보고서 2

조 이 름		과	10과
인 도 자 이 름		본문	사무엘하 19장 16-23절, 31-39절
기 록 자 이 름		날짜	
다른 참석자 이름			

나눈 이야기의 내용

절취선

열째 날 공부 마무리 기도문

조 이 름		날짜	
성 경 본 문	사무엘하 19장 16-23절, 31-39절		
기도한 사람들 이름			
기 도 문			

절취선

서식

조모임 보고서 1

조 이 름		과	11과
인 도 자 이 름		본문	사무엘하 24장 1-25절
기 록 자 이 름		날짜	
다른 참석자 이름			

나눈 이야기의 내용

11.3.2.3. 서식

조모임 보고서 2

조 이 름		과	11과
인 도 자 이 름		본문	사무엘하 24장 1-25절
기 록 자 이 름		날짜	
다른 참석자 이름			

나눈 이야기의 내용

절취선

열한째 날 공부 마무리 기도문

조 이 름		날짜	
성 경 본 문	사무엘하 24장 1-25절		
기도한 사람들 이름			
기 도 문			

절취선

절취선

조모임 보고서 1

조 이 름		과	12과
인 도 자 이 름		본문	전체 정리와 평가
기 록 자 이 름		날짜	
다른 참석자 이름			

나눈 이야기의 내용

서
식

12.2.4.2. 서식

조모임 보고서 2

조 이 름		과	12과
인 도 자 이 름		본문	전체 정리와 평가
기 록 자 이 름		날짜	
다른 참석자 이름			

나눈 이야기의 내용

절취선

열두째 날 공부 마무리 기도문

조 이 름		날짜	
성 경 본 문	전체 정리와 평가		
기도한 사람들 이름			
기 도 문			

절취선

서식

인도자 지침

일반 지침

1. **학습자용 교재의 짜임새**와 관련하여 다음 몇 가지를 미리 알아 두면 좋습니다.

(1) 교재는 12과로 이루어져 있습니다. 1과에서는 이 성경공부의 원칙과 방법을 안내하고 사무엘상·사무엘하를 통틀어 생각해 보게 합니다. 2-11과에서는 사무엘상·사무엘하에서 뽑은 10본문을 한 주에 한 본문씩 공부하게 합니다. 12과에서는 11주에 걸쳐 함께 공부한 것을 한데 모아 보고 정리하게 합니다.

(2) 학습자용 교재는 → 1.1.4. 참고자료: 과목 소개에서 밝힌 성경공부의 원칙에 따라 만들었습니다. 이를테면 2-11과의 **수업안**에서는 각 본문의 내용을 담은 제목을 붙이지 않고 본문 범위를 그대로 제목에 표시했습니다.

(3) **악보**에서는 필요한 과에서 쓸 복음성가나 찬송가를 복사해 두었습니다.

(4) **나누어 읽을 본문**에서는 개역개정판 사무엘상·사무엘하 본문을 각 구성요소를 비롯하여 여러 관점에서 나누어 읽게 새롭게 써 놓았습니다.

(5) **참고자료**는 그야말로 참고하는 자료이므로 전체 앞에서 이를 다시 다 읽으려 하지 말고, 학습자들이 스스로 참고하게 하고, 인도자는 그 내용을 간추려 학습자들이 서로 나눈 이야기를 정리하는 데 쓰면 됩니다.

(6) **서식**은 조별모임 보고서와 매 시간 공부를 마무리할 때 만드는 기도문과 몇 군데

개별 작업의 결과를 적을 때 필요합니다.

(7) **나누어 읽을 본문, 서식, 악보, 참고자료**를 언제 써야 할지는 각 과 '수업안'에서 화살표(→)로 표시해 놓았습니다.

(8) 이 교재를 신학대학원 학생들이 아닌 사람들이 쓸 때에는 학습자들의 상황에 알맞게 교재의 표현 형식이나 내용을 고쳐 쓸 수 있습니다.

2. **인도자용 교재**는 다음과 같은 방식으로 쓰면 좋습니다.

(1) 매 시간 성경공부는 학습자용 교재, 그 가운데서도 특히 **수업안**을 중심으로 진행하므로, 인도자는 학습자용 교재 각 과의 내용과 흐름을 미리 잘 알아 둡니다.

(2) 매 시간 공부를 이끌어 가면서 알맞은 단계에서 인도자용 교재 뒤에 붙어 있는 **풀이**를 복사하여 학습자들에게 나누어 줍니다. 그렇지만 이 **풀이**를 낱낱이 다 읽어 주기보다는 이를 밑바탕으로 하여 핵심 내용만 짤막하게 제시하는 것이 더 좋습니다. 때로는 학습자 각자가 스스로 이 **풀이**를 자신이 스스로 공부한 바와 견주어 보게 할 수도 있습니다.

(3) 인도자는 매 시간 공부가 끝난 뒤에 그 날 공부 진행 상황과 공부 내용 가운데 특별한 점과 공부를 인도하면서 느낀 점 등을 인도자용 교재 뒤에 붙여 둔 **수업일지**에 간결하게 적습니다.

3. **매 시간 성경공부를 이끌어 갈 때** 인도자는 다음 몇 가지를 늘 염두에 두어야 합니다.

(1) 이 성경공부는 → 1.1.4. 참고자료: 과목 소개에서 밝힌 바와 같이 한글 성경을 중심으로 함께 찾은 본문의 중심 가르침을 우리 각 자와 모두의 삶에서 실천하여 나와 우리의 삶이 달라짐을 겨냥합니다. 그런 만큼 이 성경공부에서는 본문을 자세히 깊이 주석하거나 설명하지 않습니다. 또한 함께 본문을 읽고 이야기 나누는 과정에서 생기는 여러 가지 궁금한 것들을 낱낱이 알아볼 수도 없습니다. 이런 점들을 학습자들이 양해

해 주기를 거듭 상기시킵니다. 더 나아가서 개별적으로 학습자들이 더 알고 싶어 하는 문제의 답을 스스로 찾아보는 길을 친절히 알려줄 수도 있습니다.

(2) 인도자는 매 시간 성경공부가 무엇보다도 → 1.1.4. 참고자료: 과목 소개에서 밝힌 성경공부의 원칙에 따라 잘 진행되게 이끕니다. 될 수 있는 대로 인도자가 말하는 시간은 줄이고 학습자들끼리 이야기 나누고 그 결과를 전체 앞에 발표하는 데 시간을 많이 주도록 힘씁니다.

(3) 인도자는 학습자들 가운데 몇 사람이나 여러 조 가운데 몇몇 조가 대화나 발표를 지나치게 주도하지 않도록 조별 토의와 전체 발표 과정을 주의 깊게 살핍니다. 그리하여 학습자들이나 조들 사이의 균형을 잡기 위해 필요할 때에는 자연스러운 방식으로 끼어듭니다.

(4) 인도자는 학습자들이 옆 사람과 나눈 이야기나 조모임에서 나눈 이야기가 너무 여러 가지일 때는 미리 마련해 둔 '풀이' 나 간단한 해설을 통해서 이야기의 흐름을 매 시간 다루는 본문의 초점에 맞추어 조정합니다. 이를 위해서 **풀이**의 끝에 소개한 각 본문의 중심 가르침을 적어 두었습니다. 그렇지만 학습자들이 이 중심 가르침을 정답으로 오해하지 않도록 조심합니다.

(5) 인도자는 또한 교재대로 진행하려고만 할 것이 아니라 매 시간의 상황에 따라 교재에 제시된 바를 융통성 있게 씁니다. 특히 학습자들에게서 나오는 창의적인 내용을 적극적으로 받아들여 전체 성경공부를 풍성하게 하는 데 애씁니다.

(6) 한 번의 수업은 ① 지난주 공부를 되돌아보는 시간('**1. 말씀을 향하여**') 15%, ② 그 날 본문의 가르침을 함께 찾아내는 시간('**2. 말씀 속으로**') 40%, ③ 찾은 가르침을 삶에 적용하고 다음 시간에 준비할 것을 알리는 시간('**3. 말씀과 함께**' 와 '**4. 과제**') 45%의 세 부분으로 나누어, 전체 135분의 시간으로 말한다면 ① 15-20분, ② 45-50분, ③ 50-55분 정도로 진행하면 좋습니다. 학습자들의 집중도가 시간이 흐를수록 떨어지는 점을 고려한다면, ②와 ③ 사이에 15-20분 정도 쉬는 것이 좋습니다.

(7) 인도자는 매 시간 학습자들이 제출한 과제물을 미리 다 잘 읽어 보고 시간이 모

자라 학습자들이 궁금해 하는 것을 낱낱이 다 설명해 주지 못하더라도 학습자들의 관심사를 잘 파악하고 있다는 점을 느끼게 하도록 힘씁니다.

4. **2과, 4과, 6과, 8과, 10과의 공동작업 과제**를 어느 조에서 맡을 것인지를 맨 첫 시간에 미리 정해 두면 좋습니다.

5. 수업의 전 과정을 좀 더 효과 있게 진행하려면 **인터넷 클럽**을 만들어 운영하는 것이 좋습니다. 학습자용 교재 각 과의 맨 뒤에 제시하는 개인별 과제와 공동작업 과제의 첫 괄호 안에 있는 ……에 그 클럽의 주소를 적어 넣을 수 있습니다. 클럽에는 무엇보다도 개인별 과제와 공동작업 과제를 정한 시간까지 올리게 하는 **개인별 과제 게시판과 공동작업 과제 게시판**을 마련해 두면 좋습니다. 학습자용 교재 각 과의 4.1.과 4.2.의 두 번째 ……에 그 시간을 적어 넣을 수 있습니다. 그뿐만 아니라 매 시간의 조모임 보고서를 학습자용 교재 뒷부분에 있는 양식에 써 올리는 **조모임 보고 게시판**, 수업과 관련된 의견을 올릴 수 있는 **의견제시 게시판**, 수업 관련 자료를 수시로 올리는 **수업자료 게시판**, 인도자가 매 시간 마친 뒤에 올리는 수업일지 게시판 등을 만들어 참가자들이 서로 긴밀히 사귀면서 함께 공부해 나갈 터전을 마련해 주는 것이 좋습니다.

함께 이야기 나눌 때나 홀로 보고할 때 조심할 점들

성경공부를 효과 있게 하자면 전체 모임과 조별 모임을 잘 해야 합니다. 그리하자면 **함께 이야기 나눌 때나 홀로 보고할 때** 다음 몇 가지를 염두에 둘 필요가 있습니다.

1. 어떤 문제를 두고 함께 이야기를 나눌 때 **한 사람이 너무 길게 말하지 않아야** 합니다. 될 수 있는 대로 1분 안에 말을 끝내는 것이 좋습니다. 또 **한 사람이 너무 자주 말하지 않아야** 합니다. 발표의 기회가 모든 학습자들에게 골고루 돌아갈 수 있게, 말할 것이 많은 사람은 발언을 자제하고, 여러 사람 앞에서 말하는 데 익숙하지 않은 사람은 용기를 내어 빠짐없이 말합니다.

2. 어떤 문제를 두고 함께 이야기를 나눌 때 **먼저 다른 사람이 하는 말을 바르게 이해하기에 힘써야** 합니다. 다른 사람의 말을 제대로 이해하고 난 다음에야 자기 의견이 그 사람의 생각과 같은지 비슷한지 다른지를 말할 수 있기 때문입니다. 따라서 다른 사람의 말 가운데서 확실하게 이해하지 못한 부분이 있으면 이를 두고 먼저 다시 묻는 것이 좋습니다.

3. 조별 모임에서는 조원들이 **돌아가면서 인도자나 기록발표자**가 되는 것이 좋습니다. 인도자는 앞서 첫째에서 이야기한 바가 이루어지도록 대화의 전 과정을 조정합니다.

4. **보고는 간단하고 분명하게 합니다.** 한 조의 보고는 2분을 넘지 않게 합니다. 다른 조에서 앞서 보고한 내용은 뺄 수 있습니다.

1.2.3.1. 풀이

사무엘상·사무엘하 통틀어 보기

(2) 사무엘상·사무엘하라는 이름

'사무엘상·사무엘하' 라는 제목은 '사무엘' 이 이 두 책의 중심인물이 된다고 생각해서 붙여진 것입니다. 사무엘은 이스라엘의 마지막 사사요 예언자요 제사장으로서 이스라엘 백성들을 이끌어 간 중요한 지도자입니다. 물론 사무엘이 이렇게 두 책의 중심인물이기는 하지만 사무엘상의 전반부만이 사무엘과 그의 시대에 대해 다루고 있기 때문에 이스라엘의 왕정기의 시작과 사울-다윗에 이르는 광범위한 시대 전체를 포괄하는 제목으로는 어울리지 않는다고 할 수도 있습니다.

그렇다면 '이스라엘 왕정기의 시작' 이라든가 '두 왕 이야기' 등 나름대로 제목을 붙여 볼 수 있을 것입니다.

(3) 사무엘상·사무엘하의 주제

사무엘상 · 사무엘하는 주제에 따라 크게 몇 부분으로 나누어집니다. 사무엘상은 사무엘에서 사울에 이르는 왕정시대의 과도기(1-15장)와 사울의 몰락과 다윗의 번영(16-31장), 이렇게 크게 두 부분으로 나누어지며, 사무엘하는 다윗 왕국의 전성기(1-10장), 다윗의 범죄와 왕위 계승을 둘러싼 다툼(11-20장), 그리고 다윗 왕국에 대한 부록(21-24장), 크게 세 부분으로 나누어집니다.

이 내용을 뭉뚱그려 인물 중심으로 나누어 본다면, 사무엘, 사울, 다윗 이렇게 세 사람을 중심으로 나누어 볼 수도 있을 것입니다. 사무엘은 왕정시대를 시작하는 과도기를 책임진 지도자였고, 사울은 이스라엘의 초대 왕으로서 왕정시대를 시작한 인물이었으며, 다윗은 두 번째 왕으로 진정한 왕정시대를 열어 간 인물로 볼 수 있겠습니다.

사무엘상 1장 9-20절의 흐름과 짜임새

구 절	제 목	간추린 내용
9-11절	한나의 기도	한나가 아들을 달라고 통곡하며 기도하고 서원함
12-14절	엘리의 반응	이 모습을 지켜보던 엘리 제사장이 책망함
15-16절	한나의 반응	한나가 엘리에게 자신의 원통함을 호소함
17-20절	결과	엘리가 한나를 축복하고 한나에게 아들 사무엘이 태어남

2.2.2.2. 풀이

사무엘상 1장 9-20절에서 중요한 낱말이나 표현

괴로움, 통곡, 고통, 마음이 슬픔, 원통, 격분 등 한나의 고통스러운 심적 상태를 표현해 주는 말이 많이 나옵니다. 또한 이와 대조적으로 평안, 은혜, 얼굴에 근심 빛이 없음 등 하나님께 응답 받은 한나의 심적 변화를 표현해 주는 말도 많이 나옵니다.

2.2.3.1. 풀이

한나가 기도하는 모습

"한나가 마음이 괴로워서 여호와께 **기도**하고 **통곡**하며"(10절).

"그가 여호와 앞에 **오래 기도**하는 동안에 ……"(12절).

이런 표현들을 통해 한나의 기도가 '통곡하는 기도' 이며 '오래하는 기도' 였음을 알 수 있습니다.

한나의 자기소개

한나는 엘리에게 자신을 '마음이 슬픈 여자' 라고 소개합니다(15절). 또 자신은 '악한 여자' 가 아니라 원통함과 격분됨이 많기 때문에 이렇게 기도하는 것이라고 말합니다(16절). 한나가 이렇게 괴로움을 당한 까닭이 4-8절에 나옵니다. 한나는 불임여성이었습니다. 남편 엘가나의 특별한 사랑을 받았지만 또 다른 부인 브닌나와 달리 아들을 낳지 못했기 때문에 많이 힘들었을 뿐 아니라 브닌나가 그를 심히 격분시켜서 마음의 괴로움이 몇 배 더하게 된 것입니다. 그래서 한나는 계속해서 울고 음식을 먹지 않으며 몹시 고통스러워합니다.

엘리 제사장의 답변에 대응하는 한나

한나는 오해를 푼 엘리 제사장이 자신의 기도가 응답받기를 축복하자(17절) "당신의 여종이 당신께 은혜 입기를 원하나이다"하고 가서 먹고 다시는 근심하지 않습니다. 그만큼 한나는 간절한 마음으로 은혜 입기를 소망했고 제사장의 말을 듣고 믿음으로 응답을 확신한 것입니다.

2.2.3.4. 풀이

사무엘 이름의 의미

본문은 "내가 여호와께 그를 구하였다"는 뜻이라고 설명합니다. 실제로 사무엘은 "하나님이 들으셨다"는 뜻입니다.

2.2.3.5. 풀이

사무엘 출생사건의 교훈

본문은 사사시대를 마감하고 왕정시대를 준비하는 전환기에 중심인물로 활동하게 될 사무엘의 출생배경 이야기입니다. 사무엘의 출생은 불임으로 고통당하던 한나의 기도에 대한 하나님의 응답입니다. 이 이야기에는 원통함과 비통함으로 괴로움을 당하던 여인의 기도를 들으시는 하나님의 자비와 신실하심이 잘 나타납니다.

사무엘상 8장 4-22절의 흐름과 짜임새

구절	제 목	간추린 내용
4-5절	장로들의 요구	이스라엘의 장로들이 사무엘에게 왕을 세워 달라고 요구함
6-9절	하나님의 반응	이스라엘 백성의 요구가 어떤 의미가 있는지 알게 하시고 사무엘에게 경고하라 명하심
10-18절	사무엘의 경고	사무엘이 여러 가지 예를 들어 백성들에게 왕정의 위험성을 경고함
19-22절	하나님의 허락	백성들이 끝내 자신들의 주장을 굽히지 않자 하나님이 왕의 제도를 허락하심

3.2.2.2. 풀이

사무엘상 8장 4-22절에서 중요한 낱말이나 표현

모든 나라와 같이(다른 나라들 같이), 왕, 다스리다, (나를) 버리다, 왕의 제도, 너희의 …… (아들, 딸, 밭과 포도원과 감람원, 곡식, 노비, 나귀, 양떼 등) 등.

3.2.2.3. 풀이

사무엘상 8장 4-22절의 중심 가르침

이스라엘 백성들이 왕정제도를 요구한 것은 "다른 나라들 같이" 되고 싶었기 때문입니다. 그리고 눈에 보이는 든든한 왕의 통치를 받기 원했습니다. 자신들이 경험하고 있는 제도에 어떤 의미가 있는지 제대로 알지 못했습니다. 하지만 하나님은 그들의 요구를 들으시고 거부하지 않으시고, 왕의 제도의 위험성을 알리고 그것을 허용하십니다. 하나님이 과거에 머물러 있지 않으시고 새로운 환경과 상황에 새롭게 대응하시는 하나님의 모습을 볼 수 있습니다.

3.2.3.1. 풀이

이스라엘 장로들이 왕을 요구하게 된 이유

장로들은 두 가지 이유를 내세웁니다. 첫째는 사무엘이 늙고 그의 아들들이 사무엘의 행위를 따르지 않기 때문(부패한 모습을 보였기 때문)이라는 것입니다. 둘째는 자기들이 모든 나라와 같이 왕을 갖고 싶다고 요구합니다.

3.2.3.2. 풀이

왕을 세워 주기 원하는 이스라엘 백성들 요구의 의미

백성들의 요구는 지도자인 사무엘을 버리려는 것이 아니라 하나님을 버려 자기들의 왕이 되지 못하게 하려는 것이라고 말씀하십니다.

3.2.3.3. 풀이

사무엘이 전한 왕의 제도의 위험성

왕이 백성들의 주인으로서 자신의 유익과 목적을 위해 백성들의 자녀와 소유물을 마음대로 사용할 수 있음을 알려 줍니다. 왕이 하나님의 뜻을 따르지 않을 때는 절대 권력을 가지고 백성들을 괴롭게 할 수 있다는 사실을 인지하게 합니다.

3.2.3.4. 풀이

백성들이 끝내 왕을 요구한 이유

5절에도 나온 것처럼 결국 백성들이 "다른 나라들 같이" 되고 싶었기 때문에, 그리고 왕이 자신들을 대신하여 앞서 나가 대적들을 물리침으로 자신들의 안위를 지켜 주기를 바랐기 때문입니다. 지도자를 따르는 백성들의 심리와 그들의 바람이 무엇인지를 엿볼 수 있는 장면입니다.

왕정의 장단점과 왕정이 성공적으로 실행되기 위한 조건들

사무엘상 12장 13-15절은 왕이 하나님을 따르고 그 목소리를 들으면 성공적인 왕정이 되겠지만 반대로 하나님의 목소리를 듣지 않고 그 명령을 거역하면 실패할 것이라고 가르칩니다.

신명기 17장 14-20절은 왕에게 병마나 아내나 은금을 많이 두지 말고 율법책을 옆에 두고 읽어 하나님 경외하기를 배우고 율법과 규례를 지켜 행하는 것이 성공적인 왕이 되는 방법이라고 말씀합니다.

이 같은 사실을 통해 왕은 백성의 통치자로서 군림하는 것이 아니라 하나님의 뜻을 따라 백성들이 행복하고 평안을 누리도록 세움을 받았다는 사실을 알게 합니다.

4.2.2.1. 풀이

사무엘상 12장 6-25절의 흐름과 짜임새

구절	제 목	간추린 내용
6-11절	하나님의 구원역사 요약	사무엘이 사사직에서 물러나며 남긴 고별사 첫 머리에서 과거 하나님의 구원의 역사를 요약함
12-15절	백성들의 요구와 하나님의 응답	백성들의 요구에 따라 하나님이 왕을 세우심 백성들과 이 왕이 행해야 할 바를 가르침
16-18절	하나님의 경고	백성들이 왕을 요구한 것이 얼마나 큰 죄인지 하나님이 우레와 비로 경고하심
19-25절	백성들의 회개와 행동지침	백성들이 죄를 회개하고, 사무엘은 그들에게 행해야 할 일을 가르침

4.2.2.2. 풀이

사무엘상 12장 6-25절에서 중요한 낱말이나 표현

여호와, 모세와 아론, 부르짖다, 범죄(죄악, 악), 보내사, 인도해 내어(건져내사), 왕, 여호와를 경외함(섬김, 목소리를 들음, 명령을 거역하지 않음 등), 치다(멸망), 두려워하다, 기도 등.

풀이

4.2.2.3. 풀이

사무엘상 12장 6-25절의 중심 가르침

사무엘은 고별사를 통해 과거에 하나님이 보여 주신 구원의 역사를 요약하며 이제부터 이스라엘 백성이 살아야 할 삶의 모습을 교훈하고 있습니다. 자신이 물러나고 왕이 다스리는 때에 왕과 이스라엘 백성이 행해야 할 바와 하지 말아야 할 바가 무엇인지 가르친 것입니다.

4.2.3.1. 풀이

하나님과 이스라엘 백성을 묘사하는 동사들

구분	동사	대조되는 내용
하나님의 행동을 묘사하는 동사	**세우심, 인도하여 내심, 보내심, 살게 하심, (……의 손에) 넘기심, 건져 내심 등**	하나님은 주로 이스라엘 백성들을 (**구원**)해 주심
백성들의 행동을 묘사하는 동사	**부르짖음, 잊음, 버리고 섬김, 범죄함 등**	백성들은 주로 (**잊어**)버리고 (**범죄**)함

4.2.3.2. 풀이

왕의 제도가 성공하기 위해서 왕과 이스라엘 백성이 해야 할 일

여호와를 경외하여 그를 섬김, 그의 목소리를 듣고 여호와의 명령을 거역하지 아니함, 여호와를 따름.

4.2.3.3. 풀이

밀 베는 때(5-6월)에 우레와 비가 내린 까닭

하나님은 백성들이 왕을 구한 일이 하나님 앞에 큰 죄임을 깨닫게 하기 위해 밀 베는 때 우레와 비를 내리십니다. 참고로 이 시기는 비가 전혀 내리지 않는 건조기인데 갑자기 비가 오게 함으로 초자연적인 하나님의 역사를 보여 준 것이며, 우레 소리가 하나님의 진노와 심판을 상징하는 것이기 때문에(참조. 출 19:16, 20:18, 삼상 2:10, 사 29:6, 계 8:5 등) 우레를 동반한 비를 내리신 것입니다.

4.2.3.4. 풀이

사무엘이 은퇴한 후에도 계속하겠다고 다짐한 것들

백성들을 위해 기도하는 것, 백성들에게 선하고 의로운 길을 가르치는 것.

4.2.3.5. 풀이

이스라엘이 멸망당하지 않기 위해서 해야 할 일

여호와를 따르는 데에서 돌아서지 말고 오직 마음을 다해 여호와를 섬기는 것.
헛된 것(우상)을 따르지 말 것.
오직 여호와를 경외하며 마음을 다해 진실히 섬김.
악을 행하지 않는 것.

5.2.2.1. 풀이

사무엘상 15장 10-23절의 흐름과 짜임새

구절	제 목	간추린 내용
10-11절	하나님의 후회와 사무엘의 근심	하나님이 사울을 왕으로 세운 것을 후회하신다고 말씀하시자 사무엘이 근심하며 부르짖음
12-16절	사울의 불순종과 변명	사울이 하나님의 진멸 명령에 불순종하고도 자신을 찾아온 사무엘에게 변명을 늘어놓음
17-23절	사무엘의 책망과 심판 메시지	사무엘이 사울의 불순종을 책망하게 그에게 내린 하나님의 심판 메시지를 전함

풀이

5.2.2.2. 풀이

사무엘상 15장 10-23절에서 중요한 낱말이나 표현

왕, 명령, 후회, 따르지 않음, 제사(번제), 진멸, 순종(청종), 거역 등.

5.2.2.3. 풀이

사무엘상 15장 10-23절의 중심 가르침

오늘 본문은 사울 왕이 하나님께 버림받는 사건을 다룹니다. 하나님이 사울에게 아말렉을 진멸하라고 명하시나 사울은 불순종하고 오히려 거짓 변명을 늘어놓습니다. 그 결과 하나님은 사울을 택한 것을 후회하시며 왕의 지위를 더 이상 감당하지 못하게 하십니다. 제사나 그 무엇보다 순종이 중요하기 때문입니다.

5.2.3.1. 풀이

'내가 사울을 왕으로 세운 것을 후회한다' 는 말씀의 의미

성경에는 하나님이 결코 후회하지 않는다는 말씀(삼상 15:29; 민 23:19 등)과 하나님이 후회하신다 혹은 돌이키신다는 말씀(본문과 욘 3:9-10 등)이 함께 나옵니다. 따라서 과연 하나님이 후회하신다는 것인지 안 하신다는 것인지 혼란이 올 수 있는데 이렇게 설명할 수 있을 것입니다. "하나님이 결코 후회하지 않으신다"고 할 때 '후회' 는 '인간적인 후회' 로, 자신의 어떤 행위가 잘못되었음을 인정하여, 거기서 돌이키는 것을 가리키는 것이라 한다면, '하나님의 후회' 는 죄인의 불순종과 거역에 대한 하나님의 슬픔을 의인법적(擬人法的)으로 묘사한 표현이라 할 수 있을 것입니다. 바로 창세기 6장 6-7절에서 하나님이 땅 위에 사람 지으셨음을 한탄하사 마음에 근심하셨다는 내용이 여기 해당된다 하겠습니다.

풀이

5.2.3.2. 풀이

사울의 변명

사울은 백성들이 하나님께 제사하기 위해 남겨 둔 것이라고 변명합니다. 이것은 자신의 책임을 회피하고 백성들의 탓으로 돌리기 위한 치졸한 행동인 것입니다.

5.2.3.3. 풀이

사울이 이스라엘 왕이 된 때

사울이 스스로 작게 여길 때.

5.2.3.4. 풀이

사울이 이스라엘 왕에서 버림받은 때

하나님께 거역하고 완고해졌을 때, 여호와의 말씀을 버렸을 때(불순종을 뜻함).

거역과 완고함의 의미

순종이 제사보다 낫고 듣는 것이 숫양의 기름보다 낫다고 함.

거역하는 것은 점치는 것과 같고 완고한 것은 사신 우상에게 절하는 것과 같다고 함.

6.2.2.1. 풀이

사무엘상 16장 1-13절의 흐름과 짜임새

구절	제 목	간추린 내용
1-5절	하나님의 명령	하나님이 사울을 버리고 사무엘에게 이새의 아들 중에서 새 왕을 택해 기름을 부르라고 명령하심
6-9절	하나님의 기준	하나님이 '외모가 아닌 중심을 보는' 기준으로 이새의 다른 아들들을 택하지 않으심
10-13절	하나님의 선택	하나님이 다윗을 택해 기름 부어 왕으로 세우게 하심

6.2.2.2. 풀이

사무엘상 16장 1-13절에서 중요한 낱말이나 표현

왕, 뿔, 기름(부음), 아들(들), 제사, 보고, 외모(용모와 키), 중심, 택하다(택하지 않다) 등.

6.2.2.3. 풀이

사무엘상 16장 1-13절의 중심 가르침

하나님이 사울을 대신할 왕을 찾아 세우실 때, 사무엘은 이새의 아들들 중에 외모를 보고 왕의 기준으로 생각하지만 하나님은 외모가 아니라 중심을 보시는 분이기에 다른 아들이 아닌 막내 다윗을 택하고 그에게 기름 붓게 하십니다. 사람의 기준과 다른 하나님의 기준을 강조하고 있습니다.

풀이

6.2.3.1. 풀이

하나님의 계획

베들레헴 사람 이새의 아들 중에 한 사람을 새로운 왕으로 세우겠다고 하십니다.

6.2.3.2. 풀이

베들레헴 장로들의 염려

장로들은 사무엘에게 "평강을 위해 오십니까?"라고 묻습니다. 이 말 속에는 사무엘이 선지자로서 자신들에게 심판이나 재난을 선포하지 않을까라는 두려움이 들어 있습니다.

6.2.3.3. 풀이

사무엘의 판단과 하나님의 선택 기준 사이의 차이

사무엘은 용모와 키, 장자의 조건, 가정환경 등 외적인 조건을 기준으로 삼아 평가하지만, 하나님은 그의 중심, 즉 하나님에 대한 열심과 신실함을 보신다고 말씀하십니다.

6.2.3.4. 풀이

사무엘 앞에 선 다윗의 용모

그의 빛이 붉고 눈이 빼어나고 얼굴이 아름다웠다고 합니다. 물론 그의 외모에 대한 부정적인 평가는 아니지만 우리가 (사무엘을 포함해) 일반적으로 '왕' 하면 생각하는 용맹하고 늠름한 모습과는 거리가 멀다고 하겠습니다.

6.2.3.5. 풀이

기름부음을 받은 이후 다윗의 상태

이 날 이후로 다윗이 여호와의 영에게 크게 감동되었다고 합니다.

7.2.2.1. 풀이

사무엘상 24장 1-22절의 흐름과 짜임새

구절	제 목	간추린 내용
1-3절	사울의 추적	사울이 다윗을 추적해 엔게디 광야로 감
4-7절	다윗의 깨달음	다윗이 사울의 옷자락을 베었다가 마음이 찔려 사울을 해치지 못하게 함
8-15절	다윗의 호소	다윗이 사울에게 해칠 마음이 없다고 호소함
16-22절	사울의 반응	사울이 다윗을 축복하고 자기 후손을 끊지 말아 달라고 부탁함

7.2.2.2. 풀이

사무엘상 24장 1-22절에서 중요한 낱말이나 표현

굴, 원수, 겉옷 자락(옷자락), 여호와의 기름 부음 받은 자, 왕, 해하다 등.

7.2.2.3. 풀이

사무엘상 24장 1-22절의 중심 가르침

사울이 다윗을 시기하여 죽이려 하지만 다윗은 사울을 죽일 수 있는 절호의 기회를 맞았음에도 사울이 여호와의 기름 부음 받은 자라는 사실 때문에 죽이지 않습니다. 나중에 이 사실을 안 사울은 다윗을 향하여 그가 반드시 이스라엘의 왕이 될 것이라고까지 축복합니다. 악을 선으로 갚은 결과가 얼마나 좋은 것인지 가르쳐 주는 말씀입니다.

7.2.3.1. 풀이

엔게디 광야의 지형

엔게디 광야에는 들염소 바위 등 큰 바위와 다윗 일행이 숨어 있던 굴처럼 깊은 굴이 많이 있음을 알 수 있습니다.

7.2.3.2. 풀이

다윗이 사울 죽이기를 거부하는 이유

자신이 손을 들어 여호와의 기름 부음을 받은 자를 치는 것을 여호와께서 금하셨기 때문이라고 말합니다.

7.2.3.3. 풀이

다윗의 자기 비유

자신을 죽은 개나 벼룩에 비유하며 자신을 낮춥니다.

7.2.3.4. 풀이

다윗이 자신의 억울함을 풀어 줄 대상으로 삼은 것

여호와(하나님).

7.2.3.5. 풀이

다윗을 향한 사울의 축복

사울은 다윗이 반드시 왕이 되고 이스라엘 나라가 다윗의 손에 견고히 설 것이라고 축복하고 그 때 자신의 후손을 끊지 말아 달라는 부탁까지 합니다.

8.2.2.1. 풀이

사무엘하 5장 1-10절의 흐름과 짜임새

구절	제 목	간추린 내용
1-3절	다윗이 이스라엘 전체의 왕이 됨	이스보셋의 죽음 후 이스라엘 모든 지파가 찾아와 다윗을 이스라엘 전체의 왕으로 세움
4-5절	다윗의 치세	다윗의 등극과 치세 기간 (헤브론과 예루살렘에서)
6-8절	다윗이 시온 성을 점령함	다윗이 여부스 족속에게서 시온 성을 빼앗음
9-10절	다윗의 강성함	하나님이 함께 하심으로 다윗이 점점 더 강성하여 짐

8.2.2.2. 풀이

사무엘하 5장 1-10절에서 중요한 낱말이나 표현

이스라엘(모든 지파, 모든 장로), 헤브론, 왕(목자, 주권자), 예루살렘, … 년 동안 다스림, 여부스, 맹인과 다이 저는 자, 시온 산성, 다윗 성 등.

8.2.2.3. 풀이

사무엘하 5장 1-10절의 중요한 가르침

본문은 다윗이 명실상부하게 이스라엘의 왕이 된 상황을 전합니다. 이스보셋의 죽음 후 이스라엘의 장로들이 찾아와 다윗을 남왕국과 북왕국을 아우르는 이스라엘의 왕으로 세웁니다. 이어서 다윗은 난공불락의 성 예루살렘을 정복하여 수도를 삼고 이스라엘을 전 지역을 다스릴 수 있는 통치기반을 마련하고 다윗의 나라는 하나님이 함께 하심으로 점점 강성하여 갑니다. 본문은 하나님이 함께 하신 자(특히 왕)의 형통을 말씀하고 있습니다.

풀이

8.2.3.1. 풀이

이스라엘 장로들의 말

이스라엘의 목자와 이스라엘의 주권자.

8.2.3.2. 풀이

다윗이 이스라엘 왕이 되기 위해 행했던 두 가지 절차

다윗은 여호와 앞에서 그들과 언약을 맺고, 그들이 다윗에게 기름을 부어 이스라엘의 왕으로 삼습니다.

8.2.3.3. 풀이

다윗이 왕이 된 나이와 이스라엘과 유다를 다스린 통치 기간

다윗은 삼십 세에 왕위에 오르고 도합 사십 년 동안 다스립니다(헤브론에서 칠 년 육 개월 동안 유다를 다스리고, 예루살렘에서 삼십삼 년 동안 이스라엘과 유다를 다스림).

8.2.3.4. 풀이

다윗이 빼앗은 성의 이름

예루살렘은 시온 산성이라고 불렸고 다윗이 이를 빼앗아 다윗 성이라고 이름 붙입니다.

8.2.3.5. 풀이

다윗이 강성하여진 이유

하나님 여호와께서 함께 계셨기 때문입니다.

9.2.2.1. 풀이

사무엘하 12장 1-15절 상반절의 흐름과 짜임새

구절	제 목	간추린 내용
1-4절	나단이 들려준 이야기	나단 선지자가 다윗을 찾아가 부자가 빼앗은 가난한 사람의 양 이야기를 들려줌
5-6절	다윗의 반응	이 이야기를 들은 다윗이 크게 분노함
7-12절	나단이 전한 하나님의 심판 메시지	다윗의 죄악으로 말미암아 다윗과 그 집안에 큰 재앙이 내릴 것이라고 말씀함
13-15절 상반절	다윗의 회개	다윗이 회개하자 다윗의 죄는 사함을 받을 것이나 밧세바와의 사이에서 낳은 아들은 죽을 것이라고 선언하심

9.2.2.2. 풀이

사무엘하 12장 1-15절 상반절에서 중요한 낱말이나 표현

양과 소, (악을) 행하다, 백주, 죄(악) 등.

9.2.2.3. 풀이

사무엘하 12장 1-15절 상반절의 중심 가르침

다윗이 밧세바를 차지하려고 우리아까지 죽이는 범죄를 저지르자 여호와께서 나단을 다윗에게 보내 다윗의 잘못을 깨닫게 하십니다. 다윗은 자신의 잘못을 뉘우치자 그의 죄는 사함을 받지만 그 대가는 그와 밧세바 사이에 낳은 자식에게로 넘어가게 됩니다. 강성해진 다윗이 잘 나간다 싶을 때 이러한 큰 죄를 저지른 모습 속에서 교만의 무서움을 깨닫게 됩니다. 또한 죄는 반드시 회개해야 용서를 받되, 그 죄의 대가는 반드시 치러야 함도 알게 됩니다.

풀
이

9.2.3.1. 풀이

부자가 잘못한 점

부자는 자기 양과 소가 심히 많은데도 그대로 두고 가난한 사람이 딸처럼 아끼는 암양 새끼를 빼앗아 손님을 대접합니다.

9.2.3.2. 풀이

다윗의 반응

크게 노하며 그 사람은 마땅히 죽어야 하고 그 양 새끼를 네 배나 갚아 주어야 한다고 말합니다. 사실 부자의 행위 자체가 죽음을 당해야 할 정도의 죄는 아닌데도 다윗이 이렇게 나온 것은 그의 분노가 아주 컸음을 말해 주는 것입니다.

9.2.3.3. 풀이

다윗이 범한 범죄의 의미

여호와의 말씀을 업신여긴 것이라고 말합니다.

9.2.3.4. 풀이

다윗의 범죄로 인해 그에게 선포된 하나님의 심판

칼이 다윗의 집에서 영원토록 떠나지 않을 것이고 다윗과 다윗의 집안에 재앙을 일으키며 다윗의 눈앞에서 아내를 빼앗아 이웃들에게 줄 것이고 백주에 그들이 다윗의 아내와 동침할 것이라고 선언하십니다.

풀

이

9.2.3.5. 풀이

다윗이 낳은 아이가 반드시 죽어야 할 이유

다윗의 죄로 말미암아 여호와의 원수가 크게 비방할 거리를 얻게 하였기 때문입니다.

10.2.2.1. 풀이

사무엘하 19장 16-23절, 31-39절의 흐름과 짜임새

구절	제 목	간추린 내용
16-20절	시므이의 기회주의	다윗이 예루살렘으로 돌아올 때 시므이가 달려와 용서를 구함
21-23절	다윗의 반응	아비새는 시므이를 죽이자고 하나 다윗은 그를 죽이지 않겠다고 맹세함
31-39절	바르실래의 선행과 겸손	다윗이 마하나임에 피신했을 때 공궤한 바르실래는 다윗이 보상을 약속하자 겸손하게 사양함

10.2.2.2. 풀이

사무엘하 19장 16-23절, 31-39절에서 중요한 낱말이나 표현

내려옴(나아옴), 함께 함, 영접함, (죄를 돌리지, 기억하지, 두지) 마소서, 죽이다, 공궤, 베풀다(갚다) 등.

10.2.2.3. 풀이

사무엘하 19장 16-23절, 31-39절의 중요한 가르침

다윗이 압살롬의 반역을 진압하고 다시 예루살렘으로 돌아올 때의 일입니다. 압살롬에게 쫓기고 있을 때 다윗을 저주하던 시므이는 다윗에게 기회주의적으로 용서를 구하고, 마하나임에서 다윗을 공궤한 바르실래는 다윗의 보상 약속을 겸손히 사양합니다. 이 대조적인 두 사람의 태도를 통해 우리는 그리스도인의 인간관계가 어떠해야 하는지, 특히 남이 어려움을 당할 때 어떤 자세로 대해야 하는지를 배우게 됩니다.

풀
이

10.2.3.1. 풀이

시므이에 대한 평가

시므이가 매우 기회주의적인 사람인 것을 알 수 있습니다. 얼핏 보면 그는 사울 왕 편에 서서 다윗을 대적한 것처럼 보이지만 결국 자신의 소신도 끝까지 지키지 못한 사람입니다. 다윗이 어려울 때 저주하고, 다시 왕위를 회복하자 목숨을 구걸하는 것은 참으로 비열한 기회주의자의 모습이 아닐 수 없습니다.

10.2.3.2. 풀이

시므이에 대한 행동에서 알 수 있는 다윗의 신앙

다윗이 시므이의 생명을 살려 준 까닭은 사무엘하 16장 9-12절에서 찾아볼 수 있습니다. 다윗은 시므이가 자신을 저주하는 것이 “여호와께서 그에게 다윗을 저주하라 하심”(10절)이라고 말하며 “혹시 여호와께서 나의 원통함을 감찰하시리니 오늘 그 저주 때문에 여호와께서 선으로 내게 갚아 주시리라”고 합니다. 모든 판단과 처리를 오직 하나님께 맡기며 악을 선으로 갚고, 받고자 하는 다윗의 신앙이 드러나는 대목이라 하겠습니다.

10.2.3.3. 풀이

바르실래의 행동

바르실래는 다윗이 마하나임으로 피신했을 때 소비와 마길과 더불어 침상과 대야와 질그릇과 먹을 양식을 가져다가 다윗과 백성들을 먹게 했습니다.

10.2.3.4. 풀이

바르실래의 요구

다윗이 바르실래에게 함께 예루살렘으로 올라가면 그를 공궤하겠다고 보상을 제안하지만 바르실래는 고령(高齡)을 이유로 자신을 돌려보내 고향으로 가게 해 달라고 요청합니다. 대신 자신의 아들 김함이 왕을 수행해 예루살렘으로 올라가게 합니다.

10.2.3.5. 풀이

다윗의 약속

바르실래의 아들 김함을 대신 예루살렘으로 데려가 바르실래가 좋아하는 대로 아들에게 베풀고 바르실래가 구하는 것은 다 시행하겠다고 약속합니다.

11.2.2.1. 풀이

사무엘하 24장 10-25절의 흐름과 짜임새

구절	제 목	간추린 내용
10-14절	다윗의 인구조사에 따른 징벌	하나님은 갓 선지자를 통해 인구조사의 대가로 세 가지 징벌 중 하나를 택하라고 하심
15-17절	다윗의 선택의 결과	다윗은 세 가지 징벌 중 사흘 동안의전염병을 택하고 그 결과 칠만 명의 백성이 죽고 징벌이 끝남
18-23절	아라우나의 호의	아라우나는 자신의 타작마당을 사서 제사를 드리러 온 다윗에게 타작마당과 소와 모든 도구까지 그냥 바치겠다고 말함
24-25절	다윗의 제사	다윗이 아라우나의 타작마당을 사서 제사를 드리고 징벌이 끝나게 됨

11.2.2.2. 풀이

사무엘하 24장 10-25절에서 중요한 낱말이나 표현

죄, 전염병, 천사, 재앙, 아라우나의 타작마당, 제단, 번제, 화목제 등.

11.2.2.3. 풀이

사무엘하 24장 10-25절의 중요한 가르침

다윗이 인구조사 이후 자신의 잘못을 뉘우치지만 잘못에 대한 대가를 혹독하게 치르게 됩니다. 세 가지 징벌 가운데 하나를 택해야 하는데 다윗은 '여호와께서는 긍휼이 크시니 우리가 여호와의 손에 빠지고 내가 사람의 손에 빠지지 아니하기를 원하노라' 고 합니다. 그 결과 여호와께서 정하신 때까지 전염병이 내려 이스라엘 백성 7만 명이 죽습니다. 하나님은 이제 재앙을 그치게 하기로 마음먹으시고 아라우나의 타작마당에서 제사를 드리라고 명하십니다. 다윗은 아라우나의 타작마당을 값 주고 산 후 그곳에서 번제와 화목제를 드리고 이스라엘에게 내리던 재앙이 그치게 됩니다. 본문은 죄악에 대한 대가가 얼마나 큰지를 말씀하고 그 재앙을 그치게 하는 방법에 대해 알려 줍니다.

11.2.3.1. 풀이

다윗의 반응

마음에 자책하고 하나님께 진심으로 회개합니다.

11.2.3.2. 풀이

세 가지 징벌의 내용

왕의 땅에 칠 년의 기근이 내리는 것, 왕이 원수에게 석 달 동안 쫓기는 것, 왕의 땅에 사흘 동안 전염병이 있는 것, 세 가지 중 하나를 택하라고 합니다.

11.2.3.3. 풀이

천사가 예루살렘을 치려고 할 때 여호와께서 보이신 반응

여호와께서 이 재앙 내리심을 뉘우치시고 "족하다, 이제는 내 손을 거두라"고 하시며 재앙을 중단시킵니다.

11.2.3.4. 풀이

이스라엘이 징벌을 받을 때 지도자로서 다윗의 면모

다윗은 자신이 범죄하고 악을 행했는데 이 양 무리(백성)가 벌을 받는다며 대신 자신과 자신의 아버지 집을 치시라고 말합니다.

11.2.3.5. 풀이

다윗이 아라우나에게 지불한 금액

은 오십 세겔입니다. 창세기 23장에 보면 아브라함이 막벨라 굴을 살 때 땅 주인인 헷 족속이 그냥 주려고 하나 아브라함은 '충분한 대가' (9절)를 주겠다며 은 사백 세겔을 치루는 장면이 나옵니다(16절).

11.2.3.6. 풀이

이스라엘에 내리던 재앙이 그친 이유

다윗이 하나님이 시키시는 대로 아라우나의 타작마당을 사서 그 곳에서 여호와를 위해 제단을 쌓고 번제와 화목제를 드리자 그 땅을 위한 다윗의 기도를 듣고 재앙을 그치십니다.

사무엘상·사무엘하 공부 내용 정리

사무엘상·사무엘하에서 뽑아 함께 공부한 10군데 본문의 주제와 가르침을 한데 모아 보면 아래 도표와 같습니다.

과	본문	주제	가르침
2	사무엘상 1장 9–20절	한나의 기도와 응답	하나님은 고통하는 자의 기도를 들으시고 응답하시는 신실한 분이시다.
3	사무엘상 8장 4–22절	왕정의 빛과 그림자	하나님의 다스림을 받는 것이 복된 삶이다.
4	사무엘상 12장 6–25절	사무엘의 고별사	이스라엘은 공의로 자신들을 인도하신 여호와를 경외하여 그를 섬겨야 한다.
5	사무엘상 15장 10–23절	순종의 중요성	순종이 제사보다 낫고 거역하는 점치는 것과 같다.
6	사무엘상 16장 1–13절	하나님의 선택기준	하나님은 외모가 아니라 중심을 보신다.
7	사무엘상 24장 1–22절	겸손한 자의 승리	하나님이 세우신 직임과 권위를 인정하는 겸손한 자가 승리한다.
8	사무엘하 5장 1–10절	이스라엘의 왕, 다윗	나라는 하나님이 함께 하실 때 강성해진다.
9	사무엘하 12장 1–15절 상반절	다윗의 범죄와 그 결과들	뉘우쳐도 사람이 감당해야 할 범죄의 결과는 남아 있다.

10	사무엘하 19장 16-23절, 31-39절	**다윗 주변의 다양한 사람들**	**어려울 때의 인간관계를 통해 사람의 됨됨이를 알 수 있다.**
11	사무엘하 24장 10-25절	**다윗의 인구조사**	**대가를 치르는 희생과 헌신을 통해 하나님의 은혜가 임한다.**

수업일지 1

본문	수업 안내, 사무엘상·사무엘하 통틀어 보기	날짜	
참석자 이름			
수업 진행 상황			
수업 내용			
수업 소감			

절취선

수업일지

절취선

수업일지 2

본문	사무엘상 1장 9-20절	날짜	
참석자 이름			
수업 진행 상황			
수업 내용			
수업 소감			

절취선

수업일지 3

본문	사무엘상 8장 4-22절	날짜	
참석자 이름			
수업 진행 상황			
수업 내용			
수업 소감			

수업일지 4

본문	사무엘상 12장 6-25절	날짜	
참석자 이름			
수업 진행 상황			
수업 내용			
수업 소감			

절취선

수업일지

수업일지 5

본문	사무엘상 15장 10-23절	날짜	
참석자 이름			
수업 진행 상황			
수업 내용			
수업 소감			

절취선

수업일지 6

본문	사무엘상 16장 1-13절	날짜	
참석자 이름			
수업 진행 상황			
수업 내용			
수업 소감			

절취선

수업일지 7

본문	사무엘상 24장 1-22절	날짜	
참석자 이름			
수업 진행 상황			
수업 내용			
수업 소감			

수업일지

수업일지 8

본문	사무엘하 5장 1-10절	날짜	
참석자 이름			
수업 진행 상황			
수업 내용			
수업 소감			

절취선

수업일지

수업일지 9

본문	사무엘하 12장 1-15절 상반절	날짜	
참석자 이름			
수업 진행 상황			
수업 내용			
수업 소감			

절취선

수업일지

수업일지 10

본문	사무엘하 19장 16-23절, 31-39절	날짜	
참석자 이름			
수업 진행 상황			
수업 내용			
수업 소감			

절취선

수업일지

절취선

수업일지 11

본문	사무엘하 24장 1-25절	날짜	
참석자 이름			
수업 진행 상황			
수업 내용			
수업 소감			

수업일지 12

본문	전체 정리와 평가	날짜	
참석자 이름			
수업 진행 상황			
수업 내용			
수업 소감			

절취선

수업일지